◎ 张海春 / 编著

著名经理人职场心得系列之一

张亚勤职场心得

辽宁科学技术出版社

沈 阳

图书在版编目（CIP）数据

张亚勤职场心得 / 张海春编著. —沈阳：辽宁科学技术出版社，2011.4

（著名经理人职场心得系列之一）
ISBN 978-7-5381-6837-2

Ⅰ. ①张… Ⅱ. ①张… Ⅲ. ①企业管理—通俗读物
Ⅳ. ①F270-49

中国版本图书馆 CIP 数据核字（2011）第 018393 号

出版发行：辽宁科学技术出版社
　　　　　（地址：沈阳市和平区十一纬路 29 号　邮编：110003）
印　刷　者：沈阳新华印刷厂
经　销　者：各地新华书店
幅面尺寸：170mm×230mm
印　张：17.25
字　数：238 千字
出版时间：2011 年 4 月第 1 版
印刷时间：2011 年 4 月第 1 次印刷
策划编辑：王　实
责任编辑：王　实
封面设计：黑米粒书装
版式设计：于　浪
责任校对：刘　庶

书　号：ISBN 978-7-5381-6837-2
定　价：36.00 元

联系电话：024-23284502
E-mail: ganluhai@163.com
http://www.lnkj.com.cn
本书网址：www.lnkj.cn/uri.sh/6837

前言 PREFACE

带你认识张亚勤

他 1978 年考入中国科技大学少年班，年方 12 岁，被人称为神童，是当年中国最小的大学生，大学毕业后，又以优异的成绩考上了中国科技大学电子工程专业的研究生。随后就读于美国乔治·华盛顿大学。1989 年获得电子工程博士学位。

他拥有乔治·华盛顿大学电气工程博士学位，中国科技大学电子工程硕士学位及学士学位，曾是美国电气电子工程师协会（IEEE）百年历史上最年轻的院士。

他 1999 年加入微软，是微软亚洲研究院(MSRA)创始人之一，并在 2000—2004 年担任院长兼首席科学家。微软亚洲研究院是享有盛誉的全球顶级计算机研究机构，被麻省理工学院《技术评论》评选为全球最引人瞩目的计算机科学研究院。

他于 2003 年创建了微软亚洲工程院(ATC)，为微软公司的技术创新和产品研发作出了杰出贡献。2004 年晋升微软公司资深副总裁，回到微软总部掌管微软全球移动及嵌入式产品 Windows Mobile 以及 Windows CE 平台。

有人说，在企业家里，他是科学家，因为他拥有 60 多项专利，并发表了 500 多篇学术论文和专著，被美国前总统比尔·克林顿称作"一个灵感的启示"；在科学家里，他是企业家，他和李开复将一个不到 10 人的微软中国研究院，发展成为拥有 3000 多人的微软亚太研发集团，被比尔·盖茨视为"微软的宝贝"。

他是领导微软进入 PC 之外市场的核心领军人物，现任微软公司全球资深副总裁、微软亚太研发集团主席，微软（中国）有限公司董事长，负责微软在中国的科研及产品开发的整体布局。同时作为微软大中华区战略决策委员会成员，他与该委员会其他成员一起，领导微软在大中华区统一战略的制定，推进微软在该地区的业务发展、市场策略及本土自主创新。

他有着诸多值得书写的地方，天赋与炫目的成功经历，平静清淡的思维，他营造的那种团队和睦相处的氛围。他是个聪明人，同时也管理着一群聪明人。一路走来，他都是优等生，不管是在学校，还是进入职场，也许这些成功无法复制，但至少可以给刚步入职场的年轻人以启迪和借鉴。

很多人把张亚勤的成功归结为他是神童，我们不否认天赋异禀很重要，然而我们发现当年最神的几位神童，都已经淡出了人们的视野，而唯独张亚勤依然活跃在科学领域，因此也有人送他一个"不败神童"的称号。之所以能够顶着神童的桂冠一路走来而不败，这更多的是因为他内心的安静和性格的温和，还有在人生路上的那种从容和镇定。

曾和他一起并肩的李开复已经放弃职业经理人的身份，加入了创业者的行列，创建了孵化器创新工场。

时至今日，张亚勤依然坚守在微软这个软件巨头旗下，主导着微软的海外研发工作，为IT界贡献着自己的光和热。如果说在中国的IT领域依然有一位卓越的职业经理人，那么这个人非张亚勤莫属。

要解读张亚勤的职场人生，我们还是从他"顺势而为，大智若愚"的人生准则开始吧。本书把张亚勤的职场心得分为12个月来解读：1月让大家初步了解张亚勤，包括他童年的神童传奇；2月讲述如何在人生路上顺势而为；3月讲的是如何找到人生的突破点；4—6月告诉你人生急不来，需要按步骤来，以及在职场上该保持何种心态；7—10月讲述他在自己的领域如何工作，如何做研究；最后2个月是给刚步入这个领域的职场新人的一点小启示。

张亚勤如今还活跃在职场上，他的职场人生还在继续演绎着精彩。我

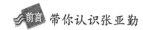

们很高兴能够有机会把张亚勤在职场上的点点滴滴摘录下来做个解读，希望这本书能够给即将步入职场，以及在职场上遇到困惑的人们些许帮助。

目录
CONTENTS

JAN

1月

张亚勤是谁

星期一　运气和实力

"1977年中国刚开放高考，教育逐渐普及，我只是很幸运跟上那个时间点，不觉得自己是神童。"

——张亚勤2008年7月28日接受台湾媒体采访

背景分析

讲述这番话的是个中国人，叫张亚勤，现在的身份是微软公司全球资深副总裁、微软亚太研发集团主席，微软（中国）有限公司董事长。

他3岁识字，5岁上学，是1978年中国恢复高考时，第一批进入中国科技大学少年班的，当时年仅12岁。20世纪70年代末，中国刚刚恢复高考，一股神童热让人们对一些有着天赋异禀的少年儿童的兴致高涨，张是其中一位，幼年就有天赋，连连跳级。1978年，年仅12岁的张亚勤以数学满分的成绩考进中国科技大学少年班，而他自己却谦逊说有运气的成分，因为考试的那道数学附加题他之前做过类似的。然而，我们不能因为这样一件事而真的就认为张亚勤一路走来都是运气所致，因为当年跟张亚勤同属"神童"的，可谓比比皆是，但现在大多数人罕有耳闻。

都说失败的人喜欢找借口，而张亚勤作为一个成功人士，这些话只是表现他的谦虚。如果只是因为运气，那么这个世界上就不会有那么多为了成功而努力拼搏的人了，一个个都坐在家里等着运气降临算了。和当年的

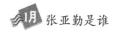

第一神童宁铂相比，两人相差无几的开局，但是时至今日却是迥然不同的两种景象，我们不得不仔细审视张亚勤，实力和谦逊的态度才是其成功的关键。

行动指南

只有具备了过人的实力，才能抓住机会，也就是所说的"运气"。

星期二　学习自己喜欢的

"至于学习秘诀，我在读书时集中精神，总结一些问题，另外选择自己喜欢的方向，全心投入。"

——张亚勤2008年7月28日接受台湾媒体采访

背景分析

生命不息、学习不止，学习可以加快人的成熟。

中国有句古话叫做："兴趣是学习的第一老师"，张亚勤所说的自己的学习秘诀，其实很符合这句话的道理。集中精神，选择自己喜欢的，并全心投入，这样能够显著提高学习效率。对问题的不断归纳和总结，更能促进之后的学习。

"少壮不努力，老大徒伤悲"。一个人如果不能全身心地投入于自己所从事的事业中去，而只是企盼好运从天而降，那么，在他年老回首往事的时候，他就会为今生的碌碌无为而悔恨。一个人无论身居何处，无论从事何种职业，都要首先全身心地投入其中，尽自己最大的努力，求得不断的进步。这不仅是工作的准则，也是人生的准则。那些在人生中取得过成就的人，一定在某一特定领域全身心投入过。职场不相信悔恨和泪水，只相信投入！

方向对于一个新人职场的人是很重要的，就好比行船，如果没有罗盘的指示，就只能在茫茫的海上到处漂荡，甚至会出现泰坦尼克的悲剧。张亚勤在学习方面是有自己的原则和标准的，在进入中国科技大学之后，大多人选择的是热门的物理专业，而张亚勤却选择了电子专业。选择了自己感兴趣的电子专业学习和钻研，让张亚勤在这个领域确实做到了顶尖和卓越。

这就是张亚勤，一个不为外部环境所影响的神童，潜心做着自己倾注了激情的事情。

行动指南

学自己喜欢的才有激情。

星期三　工作没压力

"我认为中国社会其实挺开放的，像姚明在美国职业篮球联赛（NBA）闯出一片天，大家都感觉很骄傲。微软是全球知名公司，我到微软工作并没有感受到什么压力或阻碍。"

——张亚勤 2008 年 7 月 28 日接受台湾媒体采访

背景分析

记得姚明曾经对媒体说："当我来到 NBA 的时候，我感觉我需要挑战每一个人，而过了一阵子，我感觉他们都在挑战我。"

如今很多中国人在外企工作，甚至走出国门到美国、到欧洲等其他国家工作，不少人打出一片天地，创出一番事业，这些都值得我们去骄傲和自豪。多数国人看来，在外企工作，尤其是讲求效率的美国企业，一定是压力重重，其实不然。

姚明在美国 NBA 打篮球，张亚勤进入微软，都是中国改革开放的成果。1986 年张亚勤进入乔治·华盛顿大学就读电子工程博士，先后在 GTE实验室、桑佛那多实验室工作。1997 年，31 岁的张亚勤博士当选为美国电

气和电子工程师学会院士（IEEE Fellow）。这是在电气和电子学研究领域全世界最高的学术荣誉，同时，他还是 IEEE 百年历史上最年轻的院士。在美国的长期学习和生活中，张亚勤也慢慢地了解和洞悉了美国的文化，也学会了创新和批判式思维，对其职业生涯起到了不可忽视的作用。

行动指南

找到发挥自己作用的地方。

星期四 一个有自信，有追求的张亚勤

"我在中国科技大学有三个收获，一是那时候形成的单纯的理想和追求，直到今天我依然保持不变；二是自信，那时候，同寝室的同学进校的分数都比我高，但是通过 8 年的学习，我自信遇到任何困难都有勇气和能力去克服；三是有幸认识了我的太太，她给了我很大的帮助……"

——张亚勤 2006 年 5 月 11 日在中国科技大学演讲

背景分析

张亚勤说自己是个比较执著，比较单纯，比较自信的人，而这源自于中国科技大学。一个人不能没有理想和追求，而一个单纯的理想和追求，是人生成功的不可缺少的因素。生命的历程就在于追求，没有追求，人生将因此止步而失去活着的意义。

保持单纯的理想和追求，以便心无杂念，这样才能把事情做好，当然这种单纯的理想和追求并不是置身世外，埋头苦读，也有和同学老师的交流和沟通。他大学期间经常去听各种讲座，包括霍金的，这都是他单纯的体现。

张亚勤说中国科技大学的收获还包括认识了他的太太，一位给予他很

大帮助的女人。一个成功的男人，背后必定有着一个伟大的女人，看来这句话是没有说错的。

中国科技大学教给张亚勤的自信，对他今后的历程起到了良好的铺垫作用，他一人踏上异国他乡求学，并顺利完成学业，这和中国科技大学交给他的自信有着千丝万缕的联系。他的自信不是盲目自大，而是在虚怀若谷的前提下的自信。表面的他是波澜不惊，其实内心是激情四射，有着"会当击水三千里，自信人生二百年"的那种雄心。

行动指南

人生充实，是因为有理想和追求。

星期五　懂得并敢于竞争的张亚勤

"IT 作为一个产业，它为企业打造的是其灵活应变的神经中枢，正是可以帮助公司提高生产力，进而提升竞争力。无论是咬紧牙关准备过苦日子，还是大刀阔斧想要进行业务变革，在目前的经济形势下，企业都应该重新审视自身的竞争力以及与竞争对手的差异。"

——张亚勤 2008 年在《环球企业家》高峰论坛上的演讲

背景分析

"认识你自己"，这是刻在希腊神庙上的一句话，这也是哲学的最高目标。作为一个企业也不能例外，需要对自己和对手都做一个全面的审视，尤其在当前这种经济形势之下。

如果一个人不能正确地认识自我，看不到自我的不足，觉得处处不如他人，就容易产生自卑，丧失信心，做事畏缩不前；相反，如果一个人过高地估计自己，则会骄傲自大、盲目乐观，导致工作的失误。因此，恰当地认识自我，实事求是地评价自己，是自我调节和人格完善的重要前提。

最优秀的人，知道得越多，方知知道得越少。

市场是喂食的老鹰，每个企业就是一只小鹰，企业面临的优胜劣汰的生存境地，与小鹰很是相似。企业想要从瞬息万变、险象环生的市场中获取食物，除了竞争，还是竞争，只有竞争才能让自己生存下来。如果企业不具备自我认知和对竞争对手的洞察，那么在生意上就会让对手抢得先机，获得食物。21世纪是个充满竞争的时代，企业生存的最大武器就是竞争，而张亚勤是个懂得如何竞争并且敢于竞争的人。

行动指南

充满竞争的年代，要勇于面对。

星期一　会竞争也要会合作

"我们必须通过战略的融合，联合培养，机遇分析跟本地的合作创业伙伴互相提供一些经验，促进产业的升级。同时，我们也向本地的伙伴学习，学习很多的运营，以及中国化的经验。"

——张亚勤2007年中国"IT两会"、"跨国企业在信息化创新中的作用"演讲

背景分析

区域文化差异确实是考验企业扩张时的平衡能力，坚持强势特点还是

进行本地化，是个问题。

当今产品的复杂程度不断提高，市场竞争压力的增加，产品厂商更多的是将产品本地化业务外包给专业本地化服务商，产品厂商只负责进度控制和质量检查。对于产品厂商来说，选择本地化服务商有不同的考察因素，如规模、信誉、成功经验、流程、质量和生产能力等。其中流程是本地化服务能力的最重要指标，它与本地化质量息息相关，控制了本地化流程则产品本地化就成功了一半。

唯一不变的是变化，如果在进入中国市场时依旧采取不变的强势，那是注定行不通的。

本地化的过程中，更多的是需要向本地的伙伴学习取经。合作是本地化的一个重要因素，不采取好的合作，本地化的步伐一定会很艰难，甚至不成功。

行动指南

竞争和合作的最终目的都是为了实现共赢。

星期二　很中庸

"整体上来讲我是个比较中庸的人，很少从一个极端走向另一个极端。比如，我赚钱时兼顾成家立业，做技术出身的人对管理也兴致盎然，工作虽然很忙，但是每周要回家吃四次饭。"

——张亚勤 2008 年 7 月 28 日接受台湾媒体采访

背景分析

中庸其实并非现代人所普遍理解的中立和平庸，其主旨在于修养人性，学习方法包括：博学之，审问之，慎思之，明辨之，笃行之。中庸之道的主题思想是教育人们要自觉地进行自我修养、自我监督、自我教育、自我完善，把自己培养成为具有理想人格的人物。

张亚勤身上有太多的光芒，猜想他应该是锋芒毕露的吧，其实不是，他是一个很崇尚中国传统的中庸之道的人。中庸乃凡事有度，过犹不及，而慎独自修是中庸之道的一条，而张亚勤在技术和管理之外，这方面做的算是很到位。

张亚勤说，他虽然对自己感兴趣的东西十分执著，但不会为了一件事情而放弃其他的东西。在他的理念里面，电子和通信技术可以改变人的生活，因此他成为这个领域的权威专家，不过如今他更喜欢参悟人生和职业的卓越之道，而不是成为一个工作狂。

赚钱并且顾家的男人才是女人心目中成熟男人的标准，事业心和家庭责任感其实不分孰轻孰重的，而张亚勤正是符合这个标准的男人之一。

行动指南

学会中庸之道，必先慎独自修。

星期三　懂文化

"大家可以看到，很多的跨国企业，特别是互联网企业，美国的职工和周围的职工，他们都有'水土不服'的现象，我想不是技术的原因，不是人才的原因，也不是资金的原因，有很多是文化、理念等决定的。"

——张亚勤2007年中国"IT两会"、"跨国企业在信息化创新中的作用"演讲

背景分析

从20世纪80年代初起，飞利浦、日立、东芝、富士、松下、可口可乐这些跨国公司抓住难得的机遇，大力拓展中国市场。进入90年代，更

多的跨国公司先后跨入中国市场的大门，开始了几十年和百年前他们的先辈们未竟的中国淘金之旅。实际上，对于中国市场这块魔方的玩法，大多数跨国公司当时也是处在试水阶段，对中国的文化也还在慢慢理解。当然，既然是初试水性，那么就在所难免会出现触礁，甚至溺水的情况。

文化是一个群体在一定时期内形成的思想、理念、行为、风俗、习惯、代表人物及由这个群体整体意识所辐射出来的一切活动。企业文化依附于企业，随企业产生，也随企业消亡而消亡。即使没有总结或提出外在表现形式，企业文化依然是存在的。企业文化的内在本质内容与外在表现形式有很大的偏差。外在表现形式通常表现为一句话或几个词，不是内在本质内容的全部；企业文化中实际存在的糟粕是肯定不会出现在外在表现形式中的；外在表现形式通常比较稳定，不会频繁更改，企业文化的本质内容却因各种因素的时刻变化而处在时刻变化之中。

行动指南

企业文化在与员工的相互作用中处于主要地位，企业文化是推动企业发展的不竭动力，应当注重和建立好的企业文化。

星期四　涉猎广泛

"做研究很重要的一点是要把你的东西让成千上百万人去使用。产品化的过程其实不仅仅是一个研究的过程，它更多的是管理的过程。另外我也爱学点东西。从学生时代起我就喜欢听各种讲座，学不同东西，学管理也是其中的一个部分。"

——张亚勤 2002 年 10 月 7 日 （微软亚洲研究院日） 接受媒体采访

背景分析

1989 年美国第二大电信公司 GTE 迎来了一位年轻的东方人，他就是刚刚博士毕业的张亚勤，在 GTE 的 5 年里面，他作为实验室的高级研究员，全身心地投入数字视频的传输和通讯研究领域，并成为这一领域的专家。

"秀才不怕衣服破，就怕肚里没有货"。而就像张亚勤说的那样，产品化的过程不仅仅是研究，更多的是管理。尽管说管理这一块并不是张亚勤的研究范围，但哈佛大学的工商管理进修对张亚勤之后的职场转型起到了不可忽视的作用。张亚勤从一个技术天才向管理型的人才转型，跟他不断学习是分不开的。

张亚勤就像一个气吞万象的海洋，其身何等浩瀚壮阔。但他总是那么谦虚，始终把自己放得很低，因而能容纳百川的水流，吸收地球的雪雨。

行动指南

博学以广识。

星期五　管理不是管人

"我是一个比较感性的人。强项是我十分真诚，我和员工有很强的沟通能力，大家很容易建立共识。弱点是并非一个很好的结构化的管理者，往往对一些事情没有一个很详尽的计划；有的时候做的瞬间的决定可能并不是最好的。

整体来讲，我管理并不是去管人，而是大家达成共识。像我开经理会的时候，从开始到结束大家都在辩论，但是辩论的过程都是充满了笑声，大家都在友善地、建设性地去争论问题，争论之后大家试图达到一个共识。10%的时候可能不能达成共识，这个时候作为最后的

决策人你必须要有智慧去做决定，而且选择最好的方案。"

——张亚勤2002年10月7日（微软亚洲研究院日）接受媒体采访

背景分析

张亚勤在微软内身兼数职，他是从科研岗位走上管理岗位的，他是一个站在科技发展领域和企业发展领域的最前端的人物。在人们眼中张亚勤是个神童，是个天才，其实他也并非什么都擅长的。

在管理上，他认为真诚很重要，这一点让他在与员工交流时容易达成共识，这也是一个管理者应当具备的素质之一。正如张亚勤所说的那样，管理并不是去管人，管理的目的是解决工作过程中的问题，最终找到最优的方案。管理是一个智慧的过程，突出自己在管理上的强项，并弥补自己的弱项，这样才能和员工在整体目标上取得一致，即便不能，也可以为最终决定的选择铺好路。因此张亚勤的经理会上都是充满笑声，大家友善地去讨论问题，最后得出一个满意的结果来。

行动指南

管理并不是管人，而是大家达成共识的过程。

星期一 谦谦君子

"我觉得就是要保持一个很平和的心态。一个管理者，或者一个

Leader，最重要一点当然是感觉，是你在做决定的过程中的感觉，另外一点就是你的心态。你如果有一个好的心态，能创造一种和谐的气氛，给你的员工带来的是一种信心。要让你的员工看到你的时候，对你有信心，相信你会让这个机构不断发展，觉得他在这儿工作会不断发展。所以说你的心态、你的Confidence、你的感觉是最重要的。"

——张亚勤 2002 年 10 月 7 日 （微软亚洲研究院日） 接受媒体采访

背景分析

"谦谦君子，温润如玉"，用来形容张亚勤是再合适不过了，微软亚洲研究院的工程师们也这么看待他。在常人的眼中，管理者似乎是一个高高在上，趾高气扬的角色，而事实并不是想象的那样。管理者应当是一个具备亲和力、凝聚力的人，而这些能力可以有效提升企业的内在价值，实现个人集体同升共荣。

有个故事，西周初，周公旦的儿子伯禽封于鲁，姜子牙封于齐，周公仍在朝摄政辅佐周成王。三年后，伯禽入朝向周公汇报政务，周公说："为什么来得这么晚？"伯禽说："我变革礼俗，费力不小。比如服丧，必得服满三年才得去除。"而太公到齐之后，五个月就去汇报政务，周公说："为什么来得这么快？"太公说："我大大简化了君臣礼仪，一切依从通俗简易。"太公后来听说了伯禽汇报政事的情况，长叹说："鲁国后世必定会北面臣服于齐国。政治如果不简要平易，民众就不愿意接近。平易近民，民众才会归附。"

同样的道理，张亚勤给人的印象是一个很平易近人的人，就连微软亚洲研究院里面打扫卫生的清洁员或者是公司的前台都会很亲切地称呼他为亚勤，而不是张总之类的别的称呼。张亚勤现在管理着全世界最大的IT企业的研发机构，手下员工几千人，却丝毫没有一副高高在上的架子。这应该算是他在职场上能够成功走到今天的一个重要因素吧。

行动指南

管理者当是谦谦君子，尊重别人，也在受人尊重。

星期二　关心教育

"我提议教育部选择 5 所顶尖的大学，将这些学校各专业的课件通过互联网免费提供给大家。毕竟，在国内，有机会接受一流大学名师指点的学生毕竟是少数，这样做既有助于解决教育资源分配不均、教育水平参差不齐的问题，让更多学子有机会得到最好的教育。其实在美国，麻省理工学院就已经做了这样的尝试和努力。

知识无国界，应该造福全人类，中国的大学也应该有这个胸襟吧。"

——张亚勤 2010 年 3 月 9 日接受《中国信息主管网》采访

背景分析

教育是一种人类道德、科学、技术、知识储备、精神境界的传承和提升行为，也是人类文明的传递。一种以某些主观意识形态去适当改变另外一些主观意识形态的方法，是改变他人观念与思想的一种科学的方法，可以说教育亦是最廉价的国防体系。

自己也是接受过教育的，在这一点上，张亚勤应该是有体会的。他接受到的教育机会应该算是中国最顶尖的之一，而事实就是并非所有人都能接受到这些机会。在国内教育这一块确实存在着水平良莠不齐，教育资源的城乡差距，东西部差距等现象。国外的大学在这方面已经开始着手，这也是张亚勤从国外给国内大学教育带来的一点启示吧。

大学和大学之间如果不交流，那么只会成为井底之蛙，就算有发展也是非常缓慢，这对国家综合国力的影响是巨大的，若不改变，必会带来各

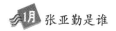

种负面影响。

行动指南

心系教育，因为教育涉及社稷安危。

星期三　关注人才

"我是赞成最终取消户籍制度的——即便这一进程可能需要很长的时间，也会面临一些挑战，但取消户籍一方面可以加强人才的跨区域流动，另一方面也体现了社会的公平，现在有很多的问题（比如民工孩子入学难）都是由户籍制度引发的。另外，也有必要针对海外的高科技人才，适当放宽签证限制——江海不择细流，故能成其大。"

——张亚勤 2010 年 3 月 9 日接受《中国信息主管网》采访

背景分析

户籍制度的存在也对国内的教育产生了一系列的不良影响，非常不利于人才的交流与成长。入学难这个问题，仅仅敞开校门是不够的。尽管国内已经有设立专门的学校来处理，但是这一障碍的清除应该不是短期就能解决的，需要多方的努力和配合。在中国国内几乎所有地区都存在着一个不同地域的生源区别对待的现象，这也直接导致了受教育机会的不平等，以及地域歧视等诸多问题，这些问题需要及时解决。

至于海外高科技人员的培养学习问题，也是需要重视的，如果设置过多的限制和关卡，这很不利于高科技人员外出学习取经和回国贡献。闭关锁国的亏，在前几个世纪中国就吃过了，如果现在还继续这样不采取措施来解决，那么人才的缺失将会引起连锁的反应，对国家的现代化建设是大为不利的。

行动指南

人才交流的障碍应当早日清除才好。

星期四　战略眼光

"我们在北京、上海、深圳建研发中心,并不是由于经济危机,也不是经济危机的结束,实际上是一个长远战略规划,在北京我们今年年底会搬到新的园区,这个园区在中关村广场,差不多可以容纳8 000人,10万平方米,我们已经计划三四年了,而且这也是我们微软亚太研发集团的总部。在上海我们也是三四年前就启动园区,上个星期就搬进去了,可以看一下我们在中国的投入,不仅仅是市场,不仅仅是研发,我们还有投资的部门、制造的部门、技术售后服务部门,可以说所有在美国总部有的职能我们这儿都有,其实恐怕还多一点,因为我们还有制造的职能,像PC外设的制造,所以说在某种程度上已经成为微软第二总部。"

——张亚勤2010年4月10日接受《和讯网》采访

背景分析

企业战略是指企业根据环境的变化,本身的资源和实力选择适合的经营领域和产品,形成自己的核心竞争力,并通过差异化在竞争中取胜,随着世界经济全球化和一体化进程的加快和随之而来的国际竞争的加剧,对企业战略的要求愈来愈高。

2008年全球经济危机的到来给所有企业或多或少带来了影响,而微软却在这个时候在中国到处建研发中心,这看起来有违常理,危机下应该缩减开支,适当缩小规模才对。其实微软这是在三四年前就已经计划好了的,这也正是张亚勤让人钦佩的厉害之处了。中国这么大的市场,微软是不会放弃这么好的机会的,在中国到处建研发中心也是无可厚非的。

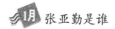

正所谓，兵马未动，粮草先行，在战斗还没有开始的时候，就应该准备好战斗之中需要的物品，打有准备的仗才是聪明理智的行为。

行动指南

早做准备，有备无患。

星期五　创新工具论

"创新十分的重要，企业的创新可能要看一下不同的周期，大的企业你可以考虑三年甚至五年以后的，对于小的企业可考虑周期稍微短一些。但是有一点，创新应该是开放的，应该是建立在最新的技术之上，而不是闭门创新，完全从零做起。另外可以通过别的方式，可以通过专利的转让、购买，可以通过人才的引进，包括有的时候可以并购一些企业来获得，不仅仅要原始创新，原始创新也很重要，但是我觉得创新是一个工具，不是一个目的，你创新是为了企业战略而服务的，所以我觉得大家可能要考虑一下整体的战略。"

——张亚勤2010年4月10日接受《和讯网》采访

背景分析

创新是一个民族进步的灵魂，是一个企业屹立不倒的根基。微软正是因为其充满创新的产品，才能走到今天，才能推动社会不断进步。微软2010年又在上海创建新服务基地，可以看出对创新的关注和重视。

张亚勤也因为在美国多年，受西方思想的熏陶，学会了批判思维和创新精神，因此才会在回国之后更加强调创新。当然，创新不是无中生有，而是在总结前人经验和教训的基础上进行各种整合，把现有的资源充分利用起来；创新也不是当下中国掀起的巨大的山寨风，山寨的诞生是创新乏力而一味模仿的结果。

创新不仅是一种文化，更多的是一种承诺。创新必须是从上到下的，在任何公司里面一般工程师都喜欢创新，管理者都不愿意创新，大型企业中，管理者往往是创新的阻挡者，所以决策层一定要支持创新。

行动指南

创新在企业里不可或缺，决策者当全力支持创新。

星期一　看好中国

"把学校行政化，教授分级别，学校管理者分成厅级、副部级，对学校的创新是很不利的，整体来看，我还是很乐观的，否则我不会在中国建全球除美国以外最大的微软研发机构，不会把那么多重要的研究、项目放在这儿。"

——张亚勤2009年12月14日接受《新浪网》科技频道专访

背景分析

CCTV经济半小时在2009年5月采访巴菲特时说："中国很有潜力，我希望把潜力变成事实，在下一个一百年里，中国将成为一个更加繁荣昌盛的国家，我希望中国总是一路成功，发展得越来越快。"其实不只是大师巴菲特讲这种话，很多人都看好中国，都希望能把自己的事业拓展到中国来。

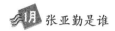

张亚勤的回国也证明了巴菲特的这句话。但在张亚勤看来，学校行政化，教授级别化，这些都是不利于学校的发展和人才的培养的，这只会扼杀人才的创造能力和创新思路；但是瑕不掩瑜，这无法掩盖中国在危急中显现出的活力和生机。

微软亚洲研究院的阵容应该是仅次于美国总部的，能在中国搞好亚洲研究院，这是张亚勤和李开复等人不懈努力达成的。在微软亚洲研究院里面，诞生了诸多改变人类发展历程的作品。

中国有着悠久的历史，深厚的文化积淀，不仅人口众多，而且更是一个人才辈出的国度。把重大的研究和项目放在中国，让中国给世界提供充裕的能量。

行动指南

中国是有前景的，选中国，没错的。

星期二　合作精神

"我们和政府、整个IT业界有那么多合作，我们没有垄断。"
——张亚勤2008年8月对外发布严正声明

背景分析

从1997年开始微软就不断被卷入一系列的垄断案之中，被美国司法部、欧盟等指控其垄断。当微软陷入垄断的坏名声之中时，唯一能强调的就是合作了，事实上微软在合作方面的确做了不少事情。钱是赚不完的，不需要为了短期的利益而放弃长久的将来，微软很明白这个道理，为此微软有一项合作伙伴计划。

"微软合作伙伴计划"是指微软将关注于合作伙伴的长远发展的一个通用于全球的计划。加入该计划后，合作伙伴可以借助其资源全面提升市场形象及市场竞争力。"微软合作伙伴计划"是一个微软全球统一的渠道认证体系，一个服务于微软所有合作伙伴的计划，一个以客户为中心、全面服务于客户需求的合作伙伴计划。

微软合作计划的开展和后期的一系列举措，部分冲淡了微软的垄断嫌疑，垄断的帽子已经扣在微软头上很久了，给微软造成了不小的损失，微软若再不采取措施，损失将会越来越严重。

行动指南

垄断很有钱赚，但是合作才有前途。

星期三　对手亦是朋友

"我们还是朋友，此前也经常联系，至于以后该如何相处，等明年1月我正式回国上班时一定会告诉你。"

——张亚勤2005年11月18日接受《北京晨报》采访

背景分析

这是北京晨报在李开复出走微软，改投Google门下时对张亚勤做的采访，此时张亚勤还在美国，尚未归来。李开复到了竞争对手公司，成为张亚勤的对手，张亚勤并没有割席断交，更多的是英雄惜英雄。在中国的历史上有很多对手之间英雄惜英雄的典故，张亚勤和李开复两人曾一起共事，共同效力于微软，一起打造了微软亚洲研究院，毫不夸张地说他俩是微软（中国）的缔造者，谁也未曾预见李开复会和张亚勤分道扬镳，成为微软的竞争对手。

竞争对手未必就不是朋友，张亚勤是李开复从国外邀请回来的，对张亚勤来说李开复可以算得上是提携恩师。李开复到了Google，会是微软一个很强劲的对手，和这样的对手竞争才是有意义的竞争。李开复是一个非

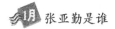

凡的角色，能够师从于他，同他共事，甚至到最后的竞争，这样的机会很是难得。张亚勤和李开复都是英雄，中国自古英雄惜英雄。

行动指南

再见面还是朋友，这才是豁达的心胸。

星期四　一起赚钱

"我不能评价哪一公司，但是我觉得中国整个 IT 产业和软件产业，发展相当的强劲，大多都是微软合作伙伴，微软是一个平台的公司，比如在 Windows 7 上面可以做各种应用，对我们来讲主要是一种合作的模式，最近 IBC 有一个分析，我们在 Windows 7 每投入一块钱，我们中国的合作伙伴或者 IT 行业，会赚 27 块钱，放射范围是 27 倍，所以我觉得更多的是一种合作关系。"

——张亚勤 2009 年 9 月 2 日接受《金融界网》采访

背景分析

这是《金融界网》在全球金融危机一周年之际对张亚勤做的采访。这场危机波及全球，张亚勤强调微软是个平台，和诸多企业一起在这个行业中同进退，而不是一家独大的那种垄断巨头。金融危机给大家都带来了损失，也给诸多企业带来了启示：这是一个全球信息化的时代，遇到困难是需要大家一起努力克服的，光靠一个企业、一个国家单干的力量远远不够，正所谓众人拾柴火焰高。

张亚勤强调微软是一个平台，一个大家一起赚钱的平台，把自己摆放到了一个高度，表明自己不是单独捞钱，而是一种合作，有财大家一起发。例如用友软件在 2008 年加入这个平台，成为了微软全球战略伙伴，也是中国第一家微软全球独立软件开发商合作伙伴。

市场是个大蛋糕，大家一起做大，自然每个人分到的那块就不会太小。张亚勤不各自为政的这个理念是金融危机之后给企业最好的提示。

行动指南

众人拾柴火焰高。

星期五　广交朋友

"此次与用友的战略合作不是排他性的，是微软全球战略合作计划的一部分，希望有更多像用友这样的合作伙伴加盟。"

——张亚勤2008年2月27日接受《比特网》采访

背景分析

这个采访是在2008年用友软件、微软（中国）公司在京签署合作备忘录，联合宣布用友成为微软全球战略合作伙伴和中国第一家微软全球独立软件开发商合作伙伴之时。微软不再是昔日那个看似霸道的垄断者了，此时的微软已经意识到有合作伙伴的加盟，自己才好发力，才好办事。

一直以来微软的垄断之嫌从未能彻底从人们的心目中去除，因此只要提及微软，人们都很容易联想到其垄断的地位。为了摘掉自己垄断的头衔，为了能够接触到更多的合作伙伴，微软在中国找到了第一家独立软件开发商合作伙伴。有了第一家，就会有第二家，难就难在找准第一家，这一点，微软做好了。张亚勤还表示，希望有更多的合作伙伴加盟，也为其后来的合作伙伴做好了铺垫。也正如《吕氏春秋》中所写："万人操弓，共射一招，招无不中。"

行动指南

朋友多了路好走，对企业来说一样行得通，合作伙伴多，企业也才好发展。

FEB
2月
顺势而为

星期一　适者生存

　　"你必须适应环境，环境没有义务为一个物种而改变，如果觉得你的价值与这个国家的价值是对抗、冲突的，你可以不在那里设立公司。"

　　　　——张亚勤 2010 年 3 月 4 日接受《中国新闻网》就 Google 退出中国一事采访

背景分析

　　Google 离华很大程度上跟 Google 的搜索业务，没有按照当地有关法律规定进行信息过滤，以及 Google 创始人坚守自己的信条有关。加上先前深懂中国国情的李开复的离开，更让 Google 中国失去有效的应对能力，一时间造成股票价格下跌。相反纵观微软却能顺顺利利地进入中国，并历经数年依然屹立不倒，这和他们严格遵守中国的法律是紧密相连的，和微软（中国）的掌门人也很有关系。

　　一个公司想要改变它发展的环境，这是一件逆潮流而行的事，绝大多数会被主流冲垮，即使是世界第一大互联网公司也不例外。世界潮流浩浩荡荡，顺之则昌，逆之则亡。

　　想要在一个国家立足，你的价值观和这个国家的主流价值观要是冲突的话，那么设立公司就是一个错误的行为，后果也会很不理想，甚至不堪设想。张亚勤坦言，Google 是微软的直接竞争对手，Google 离华对微软来

说：一是在中国少了个竞争对手，二是从 Google 身上学到了如何顺应环境的经验和教训。

行动指南

学会适应环境。

星期二　融合该融合的

"其实我看到的是两个层次的融合，多年来改变整个人类交互方式最重要的两个方面，一个是数字化，把你的信息表示的方式改变；另一个是 IP 化，指的是信息连接的方式。"

——张亚勤2006年3月在北京国际俱乐部饭店二层大宴会厅演讲

背景分析

2006 年，欧盟曾因微软未能完全执行反垄断，裁决对其罚款 2.805 亿欧元，这些给微软带来了不小的打击。实际看来微软并不是对知识产权保护很有方，而是在垄断上面很有"损招"，其视窗捆绑流媒体播放器就是很好的一个证明。欧盟的这些处罚并不能阻止微软在研究和整合上的脚步。

互联网的渗透，打破了传统电信领域的疆界，改变了移动通信的演进规则，网络融合和业务融合以及运营转型等一系列与移动互联网发展密切相关的产业因素，深刻地影响着移动通信的发展方向。抛开其垄断与否不谈，微软正在做的不仅是整合产品，更是对整个产业链的整合，这是时代发展的趋势，大势所趋，人心所向。

行动指南

顺应融合的趋势。

星期三 跟随中国的步伐

"中国在过去 30 年，尤其是过去 10 年经济发展速度很快，成为世界创新的源泉、人才的源泉，所以很显然微软（中国）会成为微软全球战略中的核心部分。"

——张亚勤 2007 年 5 月 15 日接受《人民日报》采访

背景分析

当记者问："研发园区建设对于微软的全球化战略，是否也是重要的一步？"时，张亚勤是这样回答的。

1992 年微软就开始进入中国，看好中国的广阔市场前景。在随后的时间里，微软不断加大对中国的投入力度，不断地派遣人才来到中国搞研究，并建立了亚洲研究院等。

改革开放 30 多年来，中国取得了飞速发展和进行了卓有成效的建设，这都是跨国企业能够选择并扎根中国的一个原因。中国已经越来越成为世界经济的核心之一，在信息产业方面中国有大批的人才在为此作着贡献，中国是一块肥沃的土地，只要能在这上面生长起来的企业都会充满生机，因此说微软全球战略的重心应该是在逐渐向中国偏移的。

行动指南

适应时代发展的需要，融入中国。

星期四 实施想法

"中国软件业在过去 5 到 10 年，发展速度很快，但国内软件业依然缺乏规模效应。同时中国软件业还缺少将 CEO 想法具体实施的 CTO。

中国的软件产业不缺少 CEO 而缺少 CTO。有很多有国际战略眼光的 CEO，缺少的是真的把他们的想法实施的 CTO。"

——张亚勤 2008 年 4 月 17 日在第六届成都软件洽谈会上的演讲

背景分析

第六届软件洽谈会围绕"人才与投资，洽谈与合作"的主题展开，中国的软件业处于一个飞速发展的当口，速度够快但是依旧没有形成规模效应，更多的是软件的外包而非软件的自主开发，因此说中国缺少的不是 CEO 而是 CTO，也正是这个道理。CEO 需要的是战略眼光，而这种战略眼光更需要 CTO 来真正地去实施。只有把想到的去付诸行动，才是实现中国软件业腾飞的重中之重。张亚勤在 2009 年《中国经济周刊》采访时曾说："当年自己参加高考的想法是，不去，就是失败，就是零分。"付诸行动是多么重要。

因为真正要让中国的软件业发展起来，需要做得最多的是去实践，中国是一个不缺想法的国度，很多大胆的有创意的想法都来自中国，但是却缺乏去把这些想法真正实施起来。不能只做口头上的巨人，行动中的侏儒。

行动指南

思考之后还需要有行动。

星期五　源于中国经济发展

"这有偶然的因素和必然的因素。偶然的因素是我们在成立微软研究院的时候，几个领军人物都是世界级的专家。另外这几个人都对美国十分了解。第三点人们有国际化的视野，所以我们开始就十分的顺利。必然的因素是与中国经济的发展、IT 产业大的背景趋势分不开的，特别是中国一流的 IT 人才，一个企业的成功有五个因素，就是

《孙子兵法》里面的'道、天、地、将、法',微软在中国研发体系的成功,首先是有'道',我们所做的产业,适应产业发展趋势。我们很幸运这五个方面同步的进行,所以有了今天的成功。"
——张亚勤 2008 年 6 月 20 日接受《腾讯网》科技频道采访

背景分析

这是张亚勤从偶然和必然两个方面,就腾讯科技"跨国企业在中国大都有研发机构,无疑微软在中国是最成功的,在微软全球研发格局中也扮演着重要的角色,是什么因素促使这一成功"的问题,作出的回答。

在谈当今微软在中国的发展时,张亚勤结合了《孙子兵法》中讲述的几个关键因素,其中一个强调的就是"道"。中国有很多跟"道"相关的词语:"生财有道"、"君子爱财取之以道",这些都涉及一个"道"。何谓"道"?"道"就是要顺应行业发展的趋势,找到正确的行之有效的方法。

所有跨国企业,包含研究机构,微软是发展最快,规模最大的。1999年在李开复的带领下,张亚勤回到中国,然后不断有人因为张亚勤的回来而纷纷追随回国。这些人都是这个领域的顶级专家,这为微软在中国的扎根打好了坚实的基础。还有一个不可忽视的重要的原因,要归结于中国改革开放的政策和中国经济的迅速腾飞,为微软在中国的发展提供了良好的环境,提供了大量的优秀人才。中国数目众多的高校,恢复高考之后,大批人才得以接受到教育,文化素质的提升,都是微软能够人才源源不断的保证。

行动指南

注重内外因的共同作用。

2月
第二周

星期一　中国的 Windows 7

"Windows 7 也是有史以来包含最多'中国 DNA'的微软作品。"
——张亚勤新浪博客《Windows 7 的中国 DNA》一文

背景分析

　　微软（中国）的多支团队参与了这个操作系统平台核心功能的研发和性能的调整优化工作。同时，与国内合作伙伴携手，为提升全球市场和本土市场的软硬件兼容性和用户体验而付出了很大的努力。年轻的工程师们在 Windows 7 的开发过程中经受了考验与历练，也收获了经验和惊喜。位于上海的服务器与开发工具事业部团队出色地完成了 WDAC、MSXML 等 Windows 7 核心组件的开发任务。

　　自 Windows Vista 发布以来，技术环境和编程模型都发生了很大的变化。这使得肩负重任的年轻工程师必须对原有关键代码进行逐行审阅和调优，并且时常要面对"诡异"的、很难重现的 Bug 问题。当然，这支富于激情的团队还是战胜了重重挑战。他们说，要像追求女孩子那样追求工作成果的完美，这种锲而不舍、苦中寻趣的精神是值得提倡的。为提升 Windows 7 的硬件兼容性，为中国用户提供更多便利，微软（中国）研发集团硬件创新中心团队与国内主要的 IT 卖场紧密合作，收集、研究和分析硬件销售数据。

　　根据第三方评测的结果，当前，国内市场主流的硬件产品都能运行于新的 Windows 之上；Windows 7 还全面支持中国自主研发的国标地面数字电视标准（DMB-TH）及第三代移动通信标准（TD-SCDMA），大多数数字电视卡及无线上网卡都可以实现即插即用。

行动指南

　　跟着中国市场有肉吃。

星期二　微软与中国有缘

　　"不过，员工们在尽情享受新园区所带来的便利惬意的同时，也要承担更大的责任。新园区的启用是一个新的起点，微软上海团队也被赋予了更重要的使命。对此我可以用'三个中心'来概括说明。"

　　　　　　　——张亚勤新浪博客《微软的上海之约》一文

背景分析

　　上海是一座值得品味的城市。吴越故地，历史可上溯至春秋战国时代；同时又散发着年轻却雍容的魅力。从"东方明珠"到集世界文明之大成的"世博会"，上海用自己的方式诠释着"与时俱进"的含义。微软的科技园区静静矗立在这片活力四射的土地上，开启着未来梦想的新篇章。

　　微软公司其实与上海市结缘已久。2001 年，比尔·盖茨出席 APEC 会议来到上海，对上海的活力和发展潜力印象深刻。2003 年，比尔·盖茨在和杨雄副市长的一次会晤中，看到了上海未来的建设规划蓝图，谈到未来要在闵行区建设一个高科技园区时，对张亚勤说希望微软也能够参与科技园区的建设。2007 年 4 月，在比尔·盖茨、史蒂夫·鲍尔默等高层领导人的支持下，微软公司宣布，将在中国北京和上海建设创新园区，以履行微软公司对中国信息产业的长期承诺，并助力本地区的科技创新。从那时起，

微软就和上海有了一个约会。

张亚勤指出的三个中心分别是：第一，将新园区打造成微软与当地IT产业合作的中心。第二，新园区将继续作为微软全球技术支持的中心，不断为世界范围内的微软客户与合作伙伴创造价值。第三，将新园区建设为微软在美国之外的研发战略中心。

行动指南

中国给微软提供了好的发展环境，微软也将为中国创造更多利益。

星期三　回报中国就是回报世界

"2007年微软及其合作伙伴在全球产生4 200亿美金收入及1 400万工作岗位，是整个IT产业的1/3。在全球范围内，微软每赚1元，生态圈赚7元，即1：7的辐射放大效应。而在中国，2007年中国的生态圈收入155亿美元，创造160万就业机会，也是中国IT产业的1/3。不过有意思的是，微软在中国每赚1元，像中软、浪潮这样的中国公司就会赚16元。中国的辐射效应是1：16。"

——张亚勤2008年1月25日在创新和软实力竞争高峰论坛上的演讲

背景分析

微软公司已经发展成全球最大的软件公司，在个人和商用计算机软件行业居世界领先地位。公司在全球约100个国家和地区设有分公司，共拥有6万多名雇员。公司推出的包括Windows客户端、信息工具、商业解决方案、服务器平台、移动应用系统及嵌入式设备、MSN、家庭消费及娱乐等7类核心产品。微软公司自1992年在北京开设第一个驻中国办事处以来，不仅同中国软件、硬件和通信企业建立了密切的合作伙伴关系，还与中国各地的高等教育机构建立了合作关系。

公司在中国拥有 3000 多名员工，居公司在美国境外员工人数之首。微软对中国的 IT 公司和软件产业产生了非常大的影响，称微软是中国的企业已经不算过分，并且已经成为中国自主创新链当中的一个重要部分。

行动指南

作为微软（中国）的一分子，自当尽力回报中国。

星期四　参与并反馈

"今天下午政协全体会议两个提案十分精彩，一是对官方统计数字的质疑，二是房地产泡沫（政府地价垄断，房地产商抬价）。特别是二讲得一针见血，短短的 15 分钟赢得 5 次大家自发的掌声！看来房地产泡沫是摆在政府面前不能回避的问题。对两位讲实话讲真话的委员致敬，也对政协把他们提案放在全体会议致敬。"

——张亚勤新浪微博 2010 年 3 月 7 日 22:02

背景分析

这条微博讲述的两个问题是中国当下讨论比较频繁的问题。

2009 年 4 月 7 日《人民网》——《中国经济周刊》报道：近日，城镇失业率五花八门的数据，引起了社会的广泛关注和讨论，甚至引起了来自决策层的重视。先是中国社会科学院于 2008 年 12 月 16 日发布的《社会蓝皮书》，称中国城镇失业率攀升到了 9.4%，已经超过了 7% 的国际警戒线；而 3 月份人力资源和社会保障部公布的去年城镇登记失业率是 4.2%。两相比较，前后数据竟相差一倍。学界和民间更有 "2009 年预计中国失业率是 14.2%"，"中国失业率严重失真，实际失业率已达到 33% 以上" 等听起来颇为惊心动魄的数字。失业率数据为何相差如此之大？

所谓泡沫指的是一种资产在一个连续的交易过程中陡然涨价，价格严重背离价值，在这时的经济中充满了并不能反映物质财富的货币泡沫。资产价格在上涨到难以承受的程度时，必然会发生暴跌，仿佛气泡破灭，经济开始由繁荣转向衰退，人称"泡沫经济"。泡沫经济的两大特征是：商品供求严重失衡，需求量远远大于供求量；投机交易气氛非常浓厚。房地产泡沫是泡沫的一种，是以房地产为载体的泡沫经济，是指由于房地产投机引起的房地产价格与价值严重背离，市场价格脱离了实际使用者支撑的情况。张亚勤在这次会议中，认真听取了多方的报告，对其中关注民生的特别重视。

行动指南

关心政治，关心社稷。

星期五 关注时政

"刚和女儿看完网球回来，一看新闻发现奥巴马获诺贝尔和平奖，实在不明白，美军不是在伊拉克吗？奥巴马自称惭愧，我也替他和诺贝尔和平奖委员会惭愧。"

——张亚勤新浪微博 2009 年 10 月 10 日 00：47

背景分析

奥巴马是美国历史上第三位在职期间获得诺贝尔和平奖的总统，在他之前美国总统罗斯福获得 1906 年诺贝尔和平奖，美国总统威尔逊获得 1919 年的诺贝尔和平奖。

英国广播公司在报道中写到，诺贝尔和平奖评审委员会在为奥巴马颁奖时评论他称："奥巴马吸引了全世界的注意力，只有极少数人能达到与他同等的程度，他为人民带来了对美好未来的希望。"英国天空电视台报道称，奥巴马作为首任非裔美国人总统，自 2009 年 1 月上任以来，一直致力于推进中东和平进程，并呼吁核裁军。诺贝尔和平奖评审委员会表示，奥巴马的外交政策核心是："想要做一个领导世界的人，必须以世界上大多数人认同的价值观与态度为依据来行事"。

中国社会科学院国际问题专家、评论员叶海林认为，这个奖项颁给奥巴马是个笑话，他说"诺贝尔和平奖本是为奖励作出重大贡献的人而非即将作出重大贡献的人。或许奥巴马应该感谢小布什，因为自小布什以后，如果美国领导人不再放出狠话，那么就可以获得诺贝尔和平奖。但是其实奥巴马并没有真正改善阿富汗、中东的局势，没有对世界和平作出真正的贡献。

张亚勤在得知奥巴马获得诺贝尔和平奖之后，也是发出感慨，不断挑出事端的国家领导者为何能够获得和平奖，更何况奥巴马还在获奖时表示战争有时是必需，呜呼哀哉！

行动指南

技术人员也应能够针砭时弊。

星期一　不惧《反垄断法》

"我们也欢迎《反垄断法》，它能鼓励创新，给用户更多选择。"
——张亚勤 2008 年 8 月 6 日接受《通信信息报》采访

背景分析

截至 2008 年 6 月底，我国网民数量达到了 2.53 亿人，微软软件产品在中国市场占据了 70% 的份额。微软最新的视窗操作系统和办公软件在中国市场的最低售价为 899 元，Vista 家庭基础版售价 499 元。微软占据了大半个中国市场，人们对微软的印象更加是垄断。

继打击个人盗版软件成效初显后，微软正慢慢将目标向企业级用户渗透。2010 年 4 月 22 日，上海市浦东新区人民法院一审判决上海大众保险股份有限公司因使用盗版软件向微软赔偿 217 余万元。随后，微软起诉东莞市动感网络通信有限公司侵权案正式开庭。有媒体预测说，如若败诉，国内网吧业将面临亿元以上罚单的连锁效应。

《反垄断法》的出台，让更多用户迁移到国产正版软件上来，借此推进国产办公软件的正版化。正如金山软件高级副总裁兼金山办公软件 CEO 葛珂所说："国产办公软件打破了国外技术垄断，遏制了国外相关软件的高昂价格，为政府和消费者减少了额外支出；国产软件的免费下载使用，让数千万个人用户的正版化成为了可能；国产办公软件的发展走出海外，还提高了中国的国际竞争力。无论是从保密安全，还是从经济角度，国产软件发展的意义都非常重大，这也是我们坚持做 WPS 的目的。"

《反垄断法》是对微软这种巨头的某种限制，更是对国内软件商的一种鞭策和鼓励，对用户来说更是选择空间的扩大。

行动指南

成功的道路上，只有不惧竞争方能前进。

星期二　神童与成才

"人与人的聪明和智商其实并不会天差地别，关键是你对你所向往的事业付出了多少。"

——张亚勤 2007 年 5 月 30 日接受 《IT 时代周刊》 采访

背景分析

小的时候，周围的大人整天津津乐道着自己家的孩子有多么神童，但实际上，小时候是神童的孩子长大以后未必是对人类有巨大贡献的人，尤其在中国，方仲永这样的事例并不少。

我们众所周知的爱迪生、居里夫人这些科学家们，是不是神童呢？答案是否定的。爱迪生从小到大只上过几个月的小学，他被人们称之为"低能儿"，但他妈妈不认为他是低能儿，独自教他，让爱迪生最终成为伟大的发明家。

张亚勤讲述了自己成功的真正秘诀在于对所向往的事业付出了多少。外界称其为神童，大多因为其少年上大学的生涯。但是神童未必就能成功，和张亚勤同时代的三个最知名的神童都因为种种原因，最后淡出人们的视野了。所以说智商不是决定一个人成功与否的关键，诸多年幼神童的超高智商，没能给他们带来之后人生路上的一帆风顺。一个人最后的成功在于事业心和对从事事业付出的努力多少。干一行爱一行，才能在事业上有所沉淀、有所成就。

行动指南

世间不乏方仲永，后天努力更为重。

星期三 三点分析

"可能是有以下三点：第一点最重要是大量的人才，中国有这么多聪明的年轻人喜欢做 IT，喜欢学软件，喜欢从事互联网，这是全球最大最聪明的一个群体。第二点是巨大的市场，这里有几个方面：①是

宽带；②互联网；③PC 中国是第二大市场，在两到三年之后会超过美国，成为全球最大的市场。所以说是巨大用户群，巨大市场的机会。第三点还是对于整个经济的前景和投资的环境是比较有信心的，尽管有的时候有一些波折有一些迂回，我们也碰到一些逆境，但是整体来讲我们还是有信心的，包括对知识产权的保护，包括对于保护环境的改善。"

——张亚勤 2010 年 4 月 10 日接受《和讯网》采访

背景分析

在接受《和讯网》采访时，问到什么原因让他对中国市场有这么大的信心的时候，张亚勤从三个方面作出了解释。

第一，依然是人才，2010 年中国在校大学生的数量估计在 3000 万左右，中国是个巨大的人才库，在这里面有着数量众多的大学生选择了软件和互联网。第二，才是市场，中国有着 13 亿人口，其中网民就有 3 亿多，预计在 2015 年左右会翻番，这使得中国有望超过美国成为全球最大的市场。第三，就是他个人对行业的信心了，暂时的逆境不能改变整个行业发展的大势所趋。

在其他行业都陷于低迷的时候，中国的互联网行业在经济危机中展现出了前所未有的活力和生机，这也给从事软件和互联网的人们以信心和希望。

行动指南

信心来源于理性的分析。

星期四　挑战下的活力

"这个主题非常好，反映的是 IT 产业本身的一个状态，也反映了其实作为中国经济的一个状态。首先，全球的大环境，本身有很多压力。但是，IT产业本身还是迸发出很多的活力。我经常讲IT是经济发展的重要引擎，我觉得它也是把经济走出危机的这么一个重要的引擎。在这个大的挑战的环境下，作为中国的IT产业更多谈的是转机，谈的是机会，谈的是以后发展增长方向。我觉得这次会议，现在早上有一个部长会议论坛，下午有一个企业家论坛。大家的整个情绪，都是比较高的，都是比较正面的。看到更多的是以后发展的前景，我觉得这是一个很好的、很及时的论坛。"

——张亚勤2009年6月18日在第七届中国国际软件和信息服务交易会（简称"软交会"，下同）上做客《新浪网》科技频道访谈

背景分析

在日益全球化的世界里，面对席卷而来的金融风暴，很少有行业是能做到独善其身，全身而退的。作为新经济的代表——IT产业在这场风暴中受到的影响更为明显。在残酷的财务报表下，一些大公司已经丧失了思考和行动的能力，他们抵抗重压的唯一方法就是裁并、溃逃。

很多人都觉得，如果没有奇迹发生，乌云压城的2009年不会是个丰收年，对于任何行业来说可能都是如此，IT业也不能幸免。经济衰退的阴影已经在侵蚀我们看似牢不可破的信心。

整个论坛的主题叫做"挑战下的活力"，张亚勤对这次主题的看法做了一番解说。2009年是极具挑战的一年，是危机后的第一年，经济的复苏是首要任务。遭受打击的IT产业亟须重振信心，大胆地开创复苏时局。

有经济学家认为，这场危机促使了全球经济合作方式的改变，将减少对美国企业市场的依赖，加强新兴市场在全球经济中的地位。"未来经济将是三极（美、欧、中），而不是两极（美、欧）的世界。"虽然对美国、英国的出口下滑，但随着南美、非洲地区的经济发展及市场日趋活跃，我国对印度和非洲等国家和地区家电出口的快速增长也成为新的亮点。中国的IT产业将会借着这次机会重新做出转变，走出危机的阴霾。

行动指南

变压力为活力，方能走出重重危机。

星期五　鼓励失败

"微软鼓励大家的这种个性，鼓励把个人的潜力发挥到极致，对个人的限制较少，而且包容性很强，你可以讲错话，干错事，这里能包容很多错误和失败。"

——张亚勤 2010 年 2 月 20 日接受《东方企业家》采访

背景分析

比尔·盖茨曾说过："失败比成功更加值得珍惜，甚至还有些偏激地认为'成功是一个讨厌的教员，它诱使聪明人认为他们不会失败，它不是一位引导我们走向未来的可靠的向导'。"微软的这种企业氛围就能够包容错误和失败，鼓励失败其实就是鼓励创新，没有哪一个开发者会保证一定成功，但如果不对他们的创新精神，包括对创新路上的失败予以鼓励，则永远不要指望会成功。

不止在一个场合听到"鼓励失败"的提法。"不犯错误"本身就是一种缺陷。不犯错误似乎意味着没走弯路直达成功。然而，"没走弯路"也意味着失去了接触更广泛的事物、开拓更多条道路的机会。求完善的习性容易使人做事小心谨慎，导致保守。

人们常常称赞硅谷的创造力，殊不知，这种创造力的一大支点，便是奖励甘冒风险的人，而不是惩罚那些冒风险而遭到失败的人。在硅谷，商业上的失误或项目半途而废不会断送一个人的前程。那儿的信条是："确信对于未来的设计，如果这个失败了，那么好吧，下一个将会成功"。

行动指南

鼓励失败才不会扼杀创造力，才会有新的成功。

星期一　新理念新未来

"新的商业模式的涌现，让众多的个人和企业用户看到了不同于以往的趋势和可能。"

——张亚勤博客2009年2月5日

背景分析

软件不再只是封装（或预装）好的"商品"，还可以通过在线服务、随需租用或附带广告的免费版本等多种多样的形式来获取新的软件＋服务（S+S）。再如，很多新的功能，包括视频点播、信息搜索、在线地图，这些都是传统软件不易实现的功能，所以必须依赖"云层"之上的、规模庞大的计算和数据资源。

从网络就是计算机到网格计算，从分布式计算到互联网计算，长期以来，与云计算相类似的理念被学术界和不同的企业各自表述——虽然各个理念的内涵有些细微的差别，但大多基于充分利用网络化计算与存储资源、达成高效率低成本计算目标的考量，希望能更好地整合互联网和不同设备上的信息和应用，把所有的计算、存储资源联结在一起，实现最大范

围的协作与资源分享。

云计算理论和尝试已经有十多年——近十年来，从.NET架构，到按需计算、效能计算、软件即服务、平台即服务等新理念、新模式，其实都可看做企业对云计算的各异解读或云计算发展的不同阶段。亚马逊所推出的S3和EC2标志着云计算发展的新阶段。

行动指南

与云共舞。

星期二　促进中美关系的发展

"还记得2002年，基辛格博士在参观完微软亚洲研究院后对我感慨地说："微软在中国设立研究机构，为中美间的科技交流作出了重要的贡献。"也许是冥冥中的相互呼应，这十年也正是中美关系迅猛发展的十年。在这十多年里我们不断践履着自己的梦想，也一次次超越了我们的梦想。"

——张亚勤博客《我的中国心与美国情》一文

背景分析

基辛格博士可能没有想到，当时的那次访华之旅也改变了这位年轻人的人生旅程。中美关系的正常化，改变了许许多多中国年轻人的命运。1986年，还未到弱冠之年的张亚勤，满怀着理想和激情，将留学国外的第一站定在了美国华盛顿。在这里，他度过了难忘的四年求学生活，也打通其对现代科技认识的"任、督二脉"。

在两国交往过程中，穿梭在两国之间的张亚勤收获也不少，把全球最大的IT企业搬到中国并将其发展壮大，不但为微软赢得中国这块庞大的市场打下了坚实的基础，同时微软亚洲研究院也为中国提供了一流的人才培

训机制，为中国提供了全球智慧的结晶，造福中国，让中国和世界接轨，跟上时代发展的步伐。

行动指南

科学是无国界的，但是科学家有自己的祖国，为世界作贡献的同时，也在为自己的祖国出力。

星期三　迈向云计算

"我3月份在微软总部参与的高层会议，主题就是面向未来的服务对应。目前 Xbox 服务已经成为全球最大的游戏在线业务，Bing 等服务是完全基于云的，最新的 Office 也走上了这个道路。软件加服务是明确的趋势，VS10 支持 Office 2010 中的大量功能，对于中小型企业有着非常重要的作用。"

——张亚勤 2010 年 4 月 13 日接受《搜狐网》IT 频道采访

背景分析

针对一些有关云计算将颠覆微软商业模式的说法，张亚勤明确表示：微软不怕云，而是云计算时代的主导者，在建立数据中心等方面投入的资源是最多的。谈到云计算在中国的发展，张亚勤认为中国对云计算的重视程度非常高，但发展过程中需要关注云计算部署的几个大障碍：对安全和隐私性的保证；可依赖性，数据可靠性、服务可持续性；平台和服务的产业模式。

"我在两会上的云计算提案有三个方面：成立云计算产业基金，靠市场方式运作，吸引全球的投资者，目前的问题在于中国的中小型企业没有很多的资源和需求建立运算模式，而国企往往没有创新的动力；参与甚至主导国际云计算的标准制定，我反对不与国际沟通，自己搞一个标准，形

成孤岛，奥运会是最好的模式，采用共同的规则竞争；希望有一些具体措施，让运营商和国企建立大型数据中心，依靠他们的信誉吸引应用，并在绿色等方面做通盘考虑。中国的云计算发展需要完整的策略，中国企业要和国际巨头展开合作。"

行动指南

云计算不会颠覆微软商业模式。

星期四 十年磨一剑

"十年来，微软亚洲研究院和工程院取得了巨大的成就，但我期望下一个十年会更激动人心。除了发表文章、专利、技术和产品，我期望我们能做几件真正可以改变这个世界的事情。"

——张亚勤博客 2008 年 11 月 5 日

背景分析

记得在 2008 年日本的一部根据漫画改编的惊悚电影，叫做《改变世界》，在日本，韩国，中国香港、台湾同步上映。如今大家想起贝尔实验室，没有人记得它发表多少篇文章，人们记得的是它发明的晶体管、激光和光纤，这些技术改变了整个世界；我们今天想起施乐实验室，也想不起它获得了多少专利，想到的是图形界面和以太网，这些技术让今天我们的生活变得如此不同。这正是考验一个研发机构是否成功、是否有生命力的真正标准。

威斯敏斯大教堂地下室墓碑林中的一篇著名碑文："当我年轻的时候，我的想象力从没有受到限制，我梦想改变世界。当我成熟以后，我发现我不能改变这个世界，我将目光缩短一些，决定只改变我的国家。当我进入暮年的时候，我发现我不能够改变我的国家，我最后仅仅是改变一下我的家庭。但是，这也不可能。当我现在躺在床上，行将就木时，我突然意识到：如果一开始我仅仅去改变我自己，然后作为一个榜样，我可能改变我的家庭；在家人的鼓励和帮助下，我可能为国家做一些事。然后，谁知道呢？我甚至可以改变世界。"

微软亚洲研究院目前虽说有些成果，比如数字墨水，语音识别与合成，电脑对联，智能缩略图等，但是这些都只是停留在几项专利的层面上，远远没有达到真正改变世界的程度。然而我们不能小看这些微不足道的进步，这些小的专利总有一天能够量变产生质变，最终实现改变人类世界的目标。

行动指南

先改变自己，再慢慢去改变世界。

星期五　IT 责任大

"IT 是繁荣年代推动全球经济发展的动力之源；今天，IT 也是我们走出危机的重要引擎。"
——张亚勤新浪博客 《博鳌归来谈感受之二》

背景分析

IT 不仅能够帮助企业在困难时刻降低成本、提高效率、提升生产力，还可以协助传统产业转型，开拓新的商业模式。IT 产业具有强大的辐射与拉动效应，一个企业应该多投入 IT，有效借助 IT 带动企业走出泥潭。

金融危机下许多企业的短期目标是削减成本和降低风险。事实上，许多信息技术能够帮助企业达成这一目标。比如虚拟化技术，这是一种能够在单个计算机上运行多种操作系统的技术，能够使企业现有的计算能力得到充分应用，从而降低成本、减少能耗；又比如统一通信技术，它把语音通信、电子邮件和即时通讯融为一体，使企业能够以降低硬件及维护成本的集成软件解决方案替代传统的电话系统。

随着 IT 技术与传统产业的结合广度和深度不断提升，传统产业很可能会孕育出新的商业模式和市场。最显而易见的例子就是在传统的零售业，个人电脑、互联网和宽带已彻底改变了该行业的竞争态势与运营模式，原本需要几个月甚至更久才能贯通的传统经济流程现在只需几分钟即可被打通，而基于互联网电子商务平台的交易执行更是被极大缩短。所以无论是从短期还是从长期来看，信息技术都将是经济复苏与发展的强有力的引擎。

行动指南

IT 引领未来，应当加大投入力度。

MAR

3月

冲出大气层

3月
第一周

星期一　教老外认识中国

　　"所有微软总部高层访华，首先要谈的是'十七大'。微软全球CEO史蒂夫·鲍尔默前不久访华，从成都到北京三个小时的飞行时间里，我花了一个半小时的时间为其讲解'十七大'报告的内容，以及对微软发展的正面影响。"

　　　　　　——张亚勤2007年12月21日接受《北京青年报》采访

背景分析

　　微软（中国）作为一家外企，其发展动向是会受到中国政策的影响的，正确的解读中国政策很重要。

　　比尔·盖茨一直以来都很有中国情结，曾多次造访中国。当张亚勤接手微软（中国）后，比尔·盖茨再来中国的时候，张亚勤竟然是不断给其灌输中国党代会的思想，讲述两会报告。比尔·盖茨是张亚勤在美国时的导师，到了中国，情形就不一样了，张亚勤成了比尔·盖茨的老师。不断提升比尔·盖茨对中国政治经济上的觉悟，给其"洗脑"。这个时期的张亚勤扮演的不仅仅是微软在中国的代表，还充当起了中国对外宣传的形象大使。

　　中国的经济发展迅速，中国的经济环境也逐渐开放，海外企业想要在中国立足和发展，有必要深入了解中国文化，对中国的政策通读透彻。跨国公司来到中国是需要有一个中国通来指导他们如何在中国生存和发展的。

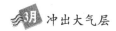
行动指南

有些时候需要适当做点事情让世界了解中国。

星期二　厚积薄发

"微软在 PC 和互联网方面都有优势，如果和移动产业密切合作，将会开拓一个全新的市场和用户群。"

——张亚勤 2008 年 4 月 14 日接受《网易网》科技频道采访

背景分析

2009 年 11 月，工业和信息化部部长李毅中在 2009 中国互联网大会开幕式上透露，截至 9 月底，中国手机用户已经超过 7 亿，其中手机网民数由年初的 1.16 亿增长到了 1.92 亿，较 2008 年增长 62.7%。与同期相比，固定互联网的网民人数增量仅有 13.4%。随着移动互联网用户的暴增以及 3G 业务的不断发展，移动互联网领域成为设备商、网络运营商以及 SP 与 CP 厂商们使出浑身力气想要先入为主的地盘。当然，PC 厂商也不例外。如今中国的年轻网民首选的大多是手机上网，截至 2009 年底，中国青少年网民规模已经达到 1.95 亿人，其中 74% 的青少年使用手机上网，移动互联网发展极其迅速。

张亚勤确实有着过人的先见之明，在移动互联网刚刚有发展势头的时候，做出如此判断，很有长远眼光。如今这一块已经开始形成一个新的市场，新的用户群也在逐渐产生，微软累积着优势，将会在某一个时刻爆发出来。

行动指南

博观而约取，厚积而薄发。

星期三　新的智慧结晶

"Windows 7 不仅仅是一个软件，也是一个平台，它可以推动 IT 产业的发展，推动软件、硬件以及服务产业的升级，值得一提的是，我们全球几千名的工程师用了 3 年多的时间，积累了 1.6 万家的软件和硬件的合作伙伴，对软件和硬件的兼容、可用性做了很多的测试，在发布前我们就把这个软件的测试版交给全球 800 多万用户。可以说 Windows 不仅是我们的产品，也是产业互动合作的智慧结晶。"

——张亚勤 2009 年 10 月 23 日在杭州第十届国际电脑节开幕仪式上的演讲

背景分析

2009 年微软的新一代操作系统 Windows 7 在继 Vista 后推出，相比于 Vista 的内存占用多、各种软件不兼容等诸多弊病，Windows 7 给用户带来了耳目一新的完美体验。Windows 7 的更快的访问速度，文件管理效率，智能快捷的系统排错等新颖的功能，让用户体验到软件给生活带来前所未有的便捷。和之前相隔 XP 五年之久才推出的 Vista 相比较，Windows 7 的推出时间更短，给用户的体验更好。

2009 年微软的最新操作系统 Windows 7 的首发仪式在杭州的第十届国际电脑节上亮相，让其"更简单、更安全、更低成本"等强大功能很快地在业界盛传。

每当微软有一个新的产品成功推出，都会给世界带来巨大的惊喜，能够推动产业的发展，推动软硬件和服务的升级。毫不夸张地说微软每成功向前迈一小步，世界都会因此向前迈一大步。

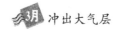

行动指南

结合产业和智慧创造成果。

星期四　危机之下现金为王

"要非常谨慎。即使企业目前的利润降低，也要保持正向的现金流。同时，及时进行业务整合，果断地砍掉那些开支大又不赚钱的部门和业务。现金流才是企业过冬最不可或缺的棉被。"

——张亚勤 2008 年 12 月 3 日在《环球企业家》高峰论坛上的演讲

背景分析

企业的现金流，如同人的血液，企业缺乏现金，就会像人一样贫血，久而久之就会生病，最终走向倒闭。统计资料表明，发达国家破产企业中的 80%破产时账面仍是盈利的，导致它们倒闭的根本原因是现金流量不足。

我国也不例外，曾经是香港规模最大的投资银行百富勤公司和内地极具影响的爱多 DVD 公司，都是在盈利能力良好，但现金净流量不足，无以偿还到期债务时，引发财务危机而陷入破产的境地。可见，良好的盈利能力并非企业得以持续健康发展的充分条件，是否拥有正常的现金流量才是企业持续经营的前提。

金融危机之下，全球企业都将面临的现金流问题，泡沫的破灭，个别国家的主权债务危机的显现，这些都是现金流引发的问题。缩减开支和裁员是一个方法，一种无可奈何的选择，尽管对被裁的员工有些残忍，但缩减开支，保存现金流是企业度过金融危机的一个节流办法。

行动指南

企业需要保持稳定的现金流。

星期五　一起展望和努力

　　"刚参加了微软（中国）研发集团2010财年员工大会，今年的主题是'畅想未来，放飞梦想'。虽是一年一度的例会，但对我们这个年轻的、不断成长中的团队来说，却是攸关未来的。而且，我也确实从今年的会场上感受到喷薄的激情、绽放的梦想与坚定的信心。每一位员工在入场时都领到了一块拼图，当把所有的拼图板拼接在一起时，便构成了此次大会的背景板画面。是的，只有汇聚起每一个人的智慧，才能让梦想成为现实、让未来触手可及。研发集团来自上海和深圳的员工通过微软的'统一沟通'视频会议系统与北京会场实时连线，全程参与了这次大会。"

　　　　　　——张亚勤博客《微软（中国）研发集团2010财年员工大会侧记》一文

背景分析

　　2006年1月的时候，微软（中国）研发集团刚刚成立，这里的600名员工，相对于微软其他各地机构来说很少、很少。可是不到四年的时间，微软（中国）已经发展成为微软在美国之外，规模最大、设置最完整的研发机构。近3 000名一流的科学家、工程师们，一起努力实现"中国智造，慧及全球"的创新理想。

　　微软中国2010财年员工大会的主题是"畅想未来，放飞梦想"。这个主题或多或少跟刚经历危机，危机之后企业的未来将会如何，企业将向着哪个方向发展等考验整个微软人的大问题有关。因此微软在上海和深圳的员工都通过视频会议系统进入这次的会议之中。

　　以国际化为前导，金融为后盾，中国经济呈现出一种回暖现象：股市回暖、楼市回暖，在这一年微软在中国必须下工夫，寻求提高生产力的方

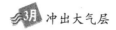

法，进而盈利。

行动指南

要走出危机阴霾，大家必须一起奋斗。

星期一　中国人在微软的角色

"必须提到，微软并购雅虎的事件不会影响我们的互联网战略。我们公司在做大的战略调整，在互联网上有更多的投入，包括自己的研发投入，通过并购的方式加速在互联网上的发展。讲到华人对总部的贡献，以及中国本土的贡献，我想随着中国出现越来越多的人才，我们越来越多进入核心决策层，在公司的话语权越来越大，微软（中国）员工在公司所扮演越来越重要的角色。我们专注互联网平台、PC平台、电视平台、手机平台，另外在互联网运用层次上，包括浏览器、邮件、搜索等，我们在中国有比较大的搜索中心，我们最近在欧洲成立了最大的互联网搜索中心，我们会在广告方面加大投入，在互联网产业方面微软做了很多工作，有些方面是成功的，有些方面走了一定的弯路，微软有耐心。我们对公司创新能力是看好的。"

——张亚勤 2008 年 6 月 20 日接受《腾讯网》科技频道采访

背景分析

　　这是当《腾讯网》科技频道采访时提问，有分析认为是微软在互联网发展速度没有比其他公司快；而微软一直强调，中国因素扮演着越来越重要的角色，是否华人未来在微软全球的发展过程当中，不管是研发还是市场都会有更好的表现时，张亚勤作出的回答。

　　2008年2月1日，微软公布了以每股31美元、总价446亿美元收购雅虎的计划，遭到了雅虎拒绝。尽管微软后来将出价提高到了每股33美元，还是遭到了拒绝。微软5月份正式撤销了收购雅虎的方案。微软收购雅虎的目的是在搜索及搜索广告市场上布局，虽然收购雅虎未遂，但这并不会太多地影响到微软在互联网方向的战略，微软早已在互联网这方面有自己的研发投入。

　　众多的华人也参与到这方面来，华人在微软占据着不可或缺的地位。李开复、张亚勤、许峰雄等华人中的佼佼者，都曾经或现在依然供职于此，奉献才华。截至2010年微软亚洲研究院的人数已经达到数千人，华人在微软的话语权越来越大。随着中国改革开放脚步的加快，教育水平的日益提高，将会有源源不断的人才涌现出来，更多的人才将加入微软等世界著名的公司。

行动指南

　　相信自己，相信中国人在公司发挥的作用。

星期二　中国的自豪

　　"改革开放以来，中国经济和科技取得了长足的发展。当前，中国经济总量已跃至全球第四，进出口总额则位居全球第三。科技方面，根据欧盟的一项研究报告，目前中国在研发方面的支出已达到

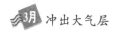

GDP 的 1.34%，且增长很快，大约会在 2009 年赶上欧盟。同时，中国在发展过程中还面临这样或那样的挑战。"

——张亚勤 2008 年 2 月 28 日接受《中国经济时报》采访

背景分析

改革开放的春风吹遍大江南北，中国的经济也如同雨后春笋般迅速成长，基本已经可以超越日本成为全世界第二大经济体，仅次于美国。改革开放让世界都了解到什么是中国模式，什么是中国的腾飞。中国在摸着石头过河的一路上走得很稳健，这条河虽然有时候水流湍急，依然没有能够阻止中国过河。

中国经济的亮点不只是总量的增加，更有科技等各个领域的突破，中国更加注重研发方面的投入。金融危机之下更突显中国崛起的强劲势头，中国经济在金融危机中率先复苏。

如今的中国面对的是机遇和挑战并存，市场经济和宏观调控并举。不过，用"树大招风"这种说法来形容现今的中国应该算是比较合适的了，中国已经是一棵大树了，但是依然会面对来自各方面的挑战。

行动指南

树大招风，当扎稳脚跟迎接挑战。

星期三　战略眼光

"在危机之前、危机之中、危机之后，我们大的战略并没有一个彻底改变。我们把危机在某种程度上作为一个机会。比如几年前我们认识到整个经济会低迷，IT 需求会减弱，我们制定了一系列战略，这个战略和我们长期战略完全一致。比如说我们并没有削减研发经费，而加大了研发经费。特别是在我们认为 3 年、5 年之后会有希望的领域，像云计算、医疗卫生、搜索、广告平台，我们加大了投入。第二，我们削减了很多开支。第三，全球化把更多的一些研发、更多的产品开发放到中国、印度。整体来讲我们现在战略并没有改变，作为一个企业，上下波动是正常的，但是要有一个长远战略，我觉得这也是我们中国企业现在所缺少的长远的眼光、长远的战略。"

——张亚勤2010年4月10日在后危机时代的企业经营环境分论坛上的演讲

背景分析

《孙子兵法》有云："凡用兵者，驰车千驷，革车千乘，带甲十万，千里馈粮，则内外之费，宾客之用，胶漆之财，车甲之奉，日费千金，然后十万之师举矣。"这句话是什么意思呢？意思是做事情前要有事先准备。

在这场金融危机中，有些人束手无策、哭天抢地、怨声载道，这跟没有前瞻性的战略规划是有一定关系的。张亚勤说："微软在金融危机爆发的几年前就已经意识到经济会有陷入一个困境的趋势，于是他们在那时就制定了一系列应对战略；在有希望的领域加大研发力度，增加研发的经费，下大力气投入；在可以削减的领域适当削减开支，让微软有效地度过经济寒冬。同时制定全球化战略，将中国、印度等国也囊括进来，降低了本土的开发成本和压力。"

反观中国的一些企业，缺乏长远战略，缺乏对市场前瞻性的研究；当金融危机到来之时，匆忙应对，不得不在死亡线上苦苦挣扎。

行动指南

制定长远战略，方能有效规避危机。

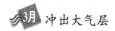

星期四　发展中的中国仍需努力

"晚上吃饭时和 LV 总裁坐在一起，才知道不仅中国是 LV 最大市场，中国人也是巴黎 LV 专卖店最大消费体！国人消费力也折射了中国的实力，只是希望中国也能出一个类似的品牌。"

——张亚勤新浪微博

背景分析

LV 的做法就是坚持做自己的品牌，坚持自己的品牌精神，做不一样的东西，给大家提供一个真正的文化的东西，然后就是希望 LV 有更多懂 LV 的人来关注 LV 的产品，欢迎那些现在还没有消费能力，但是有这个消费意识或者对于文化的关注高过产品的人，也许有一天有了这个选择的能力，会第一时间来选择 LV。

消费水平可以在一定程度上反映一国的经济发展水平。中国已经将日本甩在了后面，成为仅次于美国的世界第二大经济体。中国成为 LV 全球最大的市场，据说很多浙江人在出国旅游时，甚至批量购买 LV 的商品，这让老外很是震惊中国人的购买力。浙江人团购 LV 也从侧面反映了中国人的消费观念在逐步改变，中国的消费能力越来越强，也反映中国的经济发展越来越好。

但目前中国的自有品牌，还比较弱，世界 500 强的公司席位中，中国占有率还比较低。

行动指南

做大简单，做强不易。

星期五　走向国际化

"科技部的领导曾经说过，'不管是外企还是国企都是中国科技自主创新的一部分，只要是在中国创新就行。'科技部副部长程津培也说，'任何一个强大的国家都是开放的国家。'另外看一下，国家间的竞争都是依靠企业，国家的概念便越来越模糊了，比如说联想是哪个国家的企业？

联想是一个国际化的企业。因为现在整个的资源分配优化是在全球范围内的，它有强的人才，整个分配是全球性的，所以微软是全球性的企业，不是美国企业。微软一半的人员在国外，一半的收入在国外。所以微软在中国就是中国公司。联想元庆跟我讲他在美国，他一定要按照美国的方式运营，在中国要按照中国的方式运营。像华为也进入国际市场。所以不要把外企国企分得那么清楚，大家发展方向都是成为全球性的企业。"

——张亚勤2007年6月15日接受《中国电子报》采访

背景分析

科技部领导的讲话充分表明：创新不再有外企和国企之分，自主创新是企业发展的根本，是国家前进的动力。国家和国家之间的竞争很多层面上反映到企业之间的竞争，国家为企业发展提供良好的环境，企业为国家发展提供技术和智力支持。

随着全球经济一体化，跨国企业数量的迅猛上升，企业的国家归属概念也越来越模糊，有些企业从单纯的一个国家的企业，已经开始变成全球的企业。张亚勤这段话很清楚地说出了微软在华的发展方向。联想走进美国，微软走入中国，这些都是企业发展不可阻挡的趋势，这是必然，而非偶然，是大势所趋，是人心所向，是顺应时代的潮流。不要把外国企业分得那么清楚，是为了大家能够在一个共同的环境中发展，而不是区别对待。

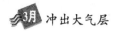

行动指南

在什么地方就要按照什么方式做事。

星期一 心系祖国

"虽然做了很久的研究，但我实际上还是个感性的人。在美国13年间，我一直是《人民日报》海外版的忠实读者，内心深处一直有回国做点事情的想法。"

——张亚勤2008年9月12日接受《第一财经日报》专访

背景分析

张亚勤在学术研究造诣如日中天之际，接到了另一位华人技术天才、时任微软全球副总裁的李开复先生的电话，邀请他一同回国创办微软（中国）研究院。接到这个电话的时候，张亚勤已经在美国待了13年，13年里他每天坚持阅读《人民日报》，在他的内心深处，时刻想着能够回到祖国报效祖国。

其实张亚勤和钱学森很相似，两人同样都是科技领域重量级的人物，只是所处的时代不同。1950年，当时美国海军次长金布尔声称："钱学森无论走到哪里，都抵得上5个师的兵力，我宁可把他击毙在美国，也不能让他离开。"同样张亚勤也有被人称为——"全世界的财富"的这一光环。

行动指南

尽管说科学无国界，但是科学家有自己的祖国。

星期二　会议着重点

"第一个期待是会议主题，我也想听一听，这等于是全世界在商业方面的领军人物。第二点，是希望分享一下我自己的一些观点，比如关于创新，关于经济发展，特别是关于 IT 行业的我自己的一些观点。第三点，会会老朋友，有些经常见面，有些可能很多年没见面，这是一个很好的大家聚会的场所。聚会的时候，很多的谈话往往比会场里面更重要，我期待的就是这三点。"

——张亚勤 2009 年 11 月 26 日接受《中国贸易金融网》专访

背景分析

这是 2009 年《中国贸易金融网》问张亚勤对达沃斯年会有什么期待时，张亚勤的回答。世界经济论坛年会已经成为政客、经济名流研讨世界经济问题的非官方聚会，已经成为进行私人交往、商务谈判的场所。西方舆论称它为"非官方的国际经济最高级会议"。

金融危机一周年之后的这次世界经济论坛将是全球应对金融危机的一个很好的探讨和总结，因此张亚勤很期待这次会议的主题。参加这个会议的都是全世界经济等领域的领军人物，他们思维的碰撞必定产生无比绚丽的火花。张亚勤作为 IT 和互联网方面的一个重要人物，自然也希望能够把自己的一些见解拿出来与众人分享，以体现互联网分享的本质；同时再会会朋友。

行动指南

开会要做的就是分析问题，分享成果，这样会议的效果才能达到。

星期三　对手离开

"不管 Google 在还是不在（中国），我们都会大力推动搜索和云计算。"
——张亚勤 2010 年 3 月 5 日接受《路透社（中国）》采访

背景分析

从 Google 本身出发，作为世界最大的搜索引擎，没有理由放弃一个拥有 4 亿网民的、世界最大的互联网市场。虽然在华市场份额不如百度，但自 2004 年进入中国市场以来，Google 便以其在英文搜索的霸权和强势的第三方平台，占领了 30% 的中国市场。毫无疑问，随着手机互联网和 3G 技术的迅速普及，Google 在华前途本将一片光明。但 2010 年初 Google 却宣布要离开中国，这一事件一时间牵动了很多人的心，成为了 2010 新年期间互联网界的一次短暂的地震。一番喧闹之后，Google 转战香港。其提出的云计算，也不得不因此在中国内地暂时告一段落。Google 继续留在中国的话，其推动的云计算将会引领国人进入一个新的阶段，当 Google 不在中国后，这一任务也就落在了微软的身上。

就微软方面来讲，Google 的离开，是减少了一个在中国内地的竞争对手，多了一些市场份额。张亚勤所讲的大力推动搜索和云计算，说的正是在 Google 离开之后如何抢先获得这块留下的市场，当然是包括搜索领域和云计算。

行动指南

准确把握时机，不盲目跟风，方能赢得商机。

星期四　中国和印度

　　"如果从整个软件产业来看，中国目前的规模，和印度基本是一样的。但是在软件外包方面，我们是落后一些的。基本上是印度的1/4左右，如果看发展的趋势，比如发展速度，中国是每年增长35%～40%，印度基本处于一个饱和的状态，而且这两年出现了负增长。如果你算一下，5年之后，我们就应该和印度持平的，并且会超过印度。"

　　——张亚勤2009年6月18日在第七届软交会上做客《新浪网》科技频道访谈

背景分析

　　计算机科学和软件技术，已经成为一个国家立于世界民族之林的核心竞争力，这一点已经成为共识。这一核心竞争力的持续提升，将有赖于IT制造业、软件和基于IT服务业的有力支撑。

　　20世纪80年代初，拉吉夫·甘地政府明确提出：要用电子革命把印度带入21世纪。前几年世界银行的一份调查称，80%的美国公司把印度作为国外软件来源的首选市场。比尔·盖茨访印时曾经惊呼："21世纪的软件大国，不是美国，也不是欧洲，而可能是印度。"

　　全球经济一体化的发展趋势与成本竞争压力，迫使欧、美企业改变业务流程和进行战略性资源重组。IT和网络通信技术的成熟，使软件与IT外包产业，快速实现离岸。在全球软件与IT外包产业的离岸总量中，印度遥遥领先占有50%的份额，中国、马来西亚等国家紧随其后。

　　张亚勤的一番话讲述了中国软件业的一个发展趋势。尽管目前和印度相比，在外包方面不及印度，但印度目前已经处于饱和状态，而中国尚有很大的发展空间，并且以其的发展速度来看，有可能在短期内超越印度。

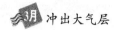

行动指南

中国软件业尚有较大发展空间，正在蓄势待发，将后来居上。

星期五　超越自己

"像 Windows 7 出来一定要比 Vista、XP 好很多，大家才会去使用。"
——张亚勤 2009 年 10 月 23 日接受《腾讯网》科技频道专访

背景分析

2009 年 10 月 23 日微软公司正式在中国国内发布 Windows 7 操作系统。一代又一代 Windows 产品不仅要和新的技术去竞争，更要跟微软前一款产品竞争。像微软这样的高科技企业，竞争和创新不仅是发展的必需，也是生存的必需。

由于 Vista 的不成功，导致前一代操作系统 Windows XP"服役"时间已经接近十年。对此，张亚勤称，XP 是一个特别好的产品，但 Windows 7 又升了好几个台阶，并就此打个比喻说，Windows XP 是黑白电视，Windows 7 是彩色电视，一个是 VCD，一个是 DVD，这样一个大的质的变化。

现在回过头去看 Vista，很多人觉得 Vista 是一款失败的产品。事实上 Vista 当中包含了很多创新的成分，比如说更美观的设计，更好的人机互动，但是由于一些不兼容以及占用内存多等瑕疵，它并没有非常成功。Vista 没能成功是由于过度关注技术本身，而忽视了好的用户体验这一关键，而 Windows 7 在开发时及时吸取了 Vista 的失败教训。

行动指南

既和别人作比较，又和自己竞争。

3月
第四周

星期一　中美教育之我见

"批判式思维。我到美国去之后，要定一个博士的题目，定题之前我就约了老师。我们俩坐在那，我等着他讲，他等着我讲。我认为他应该告诉我做什么题目，他说你跟我讲你要做什么题目。我完全没有感觉，因为在国内都是老师把题目布置好，自己按照那个方向走。"

——张亚勤 2010 年 2 月 15 日接受《商业价值》杂志采访

背景分析

有人问张亚勤在美国的高等教育下学到的最重要的东西是什么，张亚勤的回答是批判式思维。西方家长普遍认为孩子从出生那天起就是一个独立的个体，有自己独立的意愿和个性。无论是家长、老师还是亲友，都没有特权去支配和限制他的行为。在大多数情况下家长都不能替孩子做选择，而是孩子做决定，让孩子感到他是自己的主人。对于孩子的讲话，家长都要仔细考虑，尊重和理解孩子的心理。相反中国家长则更多的是希望孩子顺从和听话。

美国这样的教育从整体来讲，更容易让孩子有更多的创新思维，鼓励孩子去超越前人。能以宽容的心态去营造一个利于培养孩子创造力的环境和氛围。我国的教育很容易让孩子变得很程序化。

教育应该是把你学的都忘了之后所剩下的东西，它的意思是说，学习并不是学知识本身，而是一种创新的、再学习的能力。

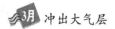

行动指南

在中国的学习基础之上向西方学习。

星期二　中美经济之见

"我觉得中美关系一定是下面 20 年、30 年全球最重要的双边关系。但我觉得中国尽管 30 年改革开放取得了很大的成就，我们还要有一个清醒的对现状的认识。中国目前的 GDP 是全球的 6%，但是唐朝的时候是 32%，在明朝的时候是 28%，在清朝康熙的时候是在 26% 左右，现在人均 GDP 是全球第 100 位以外，所以中国真的还是一个发展中国家。这 30 年取得的成果可以自豪，但不可以自傲；可以自信，不应该自负。"

——张亚勤 2010 年 2 月 15 日接受《商业价值》杂志采访

背景分析

在历史上中国曾经有过很辉煌和夺目的功绩。在一段时间里，华夏民族创造的财富占了全世界的近一半。但在工业革命中，中国经济未能抓住发展契机，清政府的闭关锁国，让中国的经济和综合国力走向了衰落，发展滞缓了，经济总量占比直线下落。而刚刚从英国殖民地走向独立的美国，赶上工业革命，利用短短的两百多年一跃成为世界第一大经济体，后来居上。

新中国成立后，开始改革开放、大力发展经济建设，中国的经济重新走上了复苏的道路。经过这 30 多年的不懈努力，中国经济发展取得了可喜的业绩。

行动指南

好汉不提当年勇，而今迈步从头越。

星期三　高科技给我们带来什么

　　"从心理学和社会学来考虑，由于现在越来越多的装备，人一定要有勇气和意识去掌握技术，而不是被技术所奴役。我们经常讲三屏合一——PC、手机和电视。我们现在生活大部分时间被这3个屏幕所控制，所以人需要有更高一层的意识去主动控制使用它，而不是被它所使用。比如说我手机永远是静音，每天都是在一些固定的时间去看E-mail，电视我只看一些选择的电视剧，不会一回到家里打开电视去看。人必须有这样的定力。"

　　　　　　——张亚勤2010年2月15日接受《商业价值》杂志采访

背景分析

　　人类已经从最初的茹毛饮血，刀耕火种的蛮荒、蒙昧的时代，走进了科技高度发达的信息时代，高科技给人类的生活和工作带来了便捷。"楼上楼下，电灯电话，出门坐汽车"的愿望如今已经实现。电话改变了距离，让联系变得更方便；电视改变地理空间，让信息传播得更及时。如今互联网时代的到来，信息成几何级的增加，人们的生活将变得更加多姿多彩。

　　在高科技给人们带来便利的同时也带来了相应的困扰，科技是一把双刃剑，有正面，就有负面。当下谈得最多的"网瘾"、"手机综合征"等，这都是高科技的另一面。就科技负面的影响，我们应当理性看待，技术是人创造的，人不能为技术所左右。

行动指南

　　人有主观能动性，要当科技的主人，而非科技的奴仆。

星期四　残酷的竞争

　　"我们在互联网方面有竞争，游戏方面我们也有竞争对手，在不

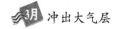

同的行业有不同的竞争对手，每过一年我们的竞争对手都在换，你可以看到 IT 产业创新的步伐、竞争的局势。对微软来讲永远不可能坐在那，躺在那，而是有危机的意识。"

——张亚勤 2009 年 6 月 22 日接受《腾讯网》科技频道专访

背景分析

微软是一个多元化的跨国企业，其业务涉及面广，关联着众多行业。因此将面对众多的竞争对手，就其新推出的搜索引擎 Bing 来讲，Bing 在美国只占了 11% 的市场份额，同本土的 Google 相比，差距蛮大，在中国 Bing除了 Google，还有百度这样的竞争对手。在游戏方面，微软的 Xbox 主要面临着索尼的 PSP 的威胁，同时还面临着暴雪、任天堂等诸多竞争对手。在硬件设备上，将面临 IBM 等对手，其中最为人熟知的就是微软和罗技之间的键盘鼠标之争。

微软的竞争对手很多，因此年度战略上都会有所侧重。从张亚勤"每过一年竞争对手都在换"这句话也可以看出。强大和众多的竞争对手，也是微软危机感的来源和微软不断前进的动力。微软的持续创新能力，让微软能在多个领域内同时发力，应对多个竞争对手。

行动指南

面对多方面的竞争，一刻也不能放松。

星期五　自己走

"过去很多年，我们都是在跟着西方国家走，但是现在很多迹象表明，中国已经开始加入创新者的行列。"

——张亚勤 2009 年 9 月 19 日在财富 CEO 峰会上的演讲

背景分析

根据国家发改委透露的信息，在我国"4万亿元投资计划"中，用于自主创新结构调整的投入是1 600亿元，比例为4%。就这个来看，我国对于自主创新的投入力度比例太低。张亚勤表示："我觉得应该有更多的中央投资资金放到基础研究、技术创新领域，来改变我们的产业架构。"

中国的部分企业相对比较短视，有些急功近利，总是看下个季度怎么样、一两年怎么样，很少去考虑创新。缺乏创新力的其中一个缘由是中小企业、民营企业普遍缺乏资金，而一些大企业、国有企业拥有垄断性资源，缺乏创新的动力。总体来讲，中国在研发方面的投入，增长率在全球都是最高的，但是绝对数还是低。

行动指南

不要总是跟着别人，要学会自己走路。

APR

4月

人生好比是一场长跑

4月
第一周

星期一　选准方向

"新CEO必须是懂中文的。COO一职的设立对我而言是个很大的帮助，未来微软将是我和鲍方德分别主管研发和业务的'双核'机制，但短期内我将身兼两职。"

——张亚勤2007年10月12日就陈永正离职一事接受《北京商报》采访

背景分析

张亚勤提出的微软大中华区的CEO要懂中文，不仅仅是指会看、会说和会写中文，而是指对中华文化的深刻理解和领悟，更要对中国的政治、经济等熟悉。

因地制宜是一个企业在海外生存发展的重要战略。中国是一个巨大的市场，区域性市场的特殊性，要求区域管理者必须对当地的情况有着充分的理解和领悟。这从Google大中华区负责人、全球副总裁李开复离开之后就陷入困境中可以看出，在一个区域求生存、求发展，不懂当地规则是行不通的，后果将会举步维艰，寸步难行。

行动指南

把握前进的方向，才能跑得又快又稳。

星期二　看好中国

"以前微软在美国之外，是从来不买地的，都是租用。这次同意拿出很大的一笔资金在中国买地，既是微软对与中国信息产业共同成长的一个承诺，认为在中国是一个长期的投入；也反映出了微软对中国市场的信心。"

——张亚勤2007年5月15日接受《人民日报》采访

背景分析

2007年4月比尔·盖茨访华期间宣布，微软将进一步扩展其在北京、上海、深圳的研发机构，并在北京和上海投资建设研发园区。就比尔·盖茨的发言，有业内人士认为，这标志着中国在微软全球战略中的位置进一步上升。据说微软每次开董事会，都会多次提到中国。

微软（中国）研发集团的总部坐落在北京，建筑面积15万平方米，选址在新浪、百度的南侧，腾讯的东侧。在中国修建园区，是中国经济发展、市场的成熟，以及人才的成长和积累，给了他们这个信心。这件事情是史蒂夫·鲍尔默亲自拍板的，为此他专程到北京、上海等地考察，然后做了决定。

伴随着中国房地产行业的火热升温，微软此时在中国买地，不免遭到质疑。但微软在中国买地，绝不仅仅是因为中国房地产市场走向的一路飙升的跟风行为，更多的是一种战略眼光，一种对中国的长期投入。

行动指南

抢先在中国市场上跑马圈地。

星期三　在中国科技大学大步前进

"姚老师当时指导我的本科论文，我记得我交上去的论文发还以后，我惊讶地发现，论文上老师批改的文字比我写得还要多！我还记得那个时候，学校的环境开放，经常有杨振宁这样的教授来学校作报告，我每场都去听，虽然当时听不懂，但那种欣喜和新奇的感受，至今难忘。"

——张亚勤2006年5月11日在母校中国科技大学的演讲

背景分析

张亚勤在中国科技大学期间得益于老师的关怀和学校开放的环境，在这种环境里，他可以欣然做自己感兴趣和想做的事情。相比那些神童被媒体过度地曝光，过度地沉溺在媒体的追捧和大众的艳羡之中，张亚勤更趋于淡泊，没有顶着光环在学习。

老师对他论文的修改甚至超过他自己的写作，这种严谨的态度对张亚勤之后的成功是有着很深远的影响的。听学校里面的各种讲座，是张亚勤大学期间养成的一种习惯，这也为其之后跨学科的交流和学习，以及其跨学科的研究带来了不少便利。

正如《诫子书》中所说的，"淡泊以明志，宁静以致远。"正是在中国科技大学的淡泊和宁静，才让张亚勤真正做到了先明志而后致远，并最终走向辉煌。

行动指南

在成功之前先丢掉自己身上所有的光环。

星期四　慢慢探索

"微软在中国进入了发展的黄金时代。尽管此前经历了相对探索的漫长 15 年。微软未来 5 年内在中国会用不低于 1 亿美金选择优秀的公司进行战略投资。相比其他公司，微软 Windows 操作系统早已用盗版的方式先行替他占领了市场。微软要做的是如何将这个市场转化为自己的收入。"

——张亚勤 2008 年 6 月 20 日接受《腾讯网》科技频道采访

背景分析

直至 2008 年微软已经在中国经历了 15 年的漫长里程，这一年也是微软开始正式狙击盗版的一年，在这一年里微软将番茄花园送上法庭，接受法律的制裁。15 年间微软一直在中国摸索。这个过程中，微软分别找了李开复、张亚勤这样的人来执掌微软（中国），并通过默许和放纵盗版这种形式来逐步打开中国的市场，微软很有耐心地，慢慢地培养出一个庞大的用户圈子。

微软这个小滑头的手法，让 Windows 视窗快速地占据中国人电脑，最终达到 90% 左右的占比。首先让中国人习惯上它的操作系统，一大批盗版为它培育了用户，等用户成熟时，再考虑如何转化，不得不说这是一个快速占领市场的战略。

行动指南

扩张市场的长跑过程中需要的是耐心和策略。

星期五　逐步成长

"大的环境有了很大的改善，如软件知识产权的保护。我很高兴看到了保护的力度与环境的关系，过去 5 年政府在安全方面保护做了很大的力度，现在盗版现象还有很多。我们要创新，这也是我们的生存需求，特别是产业转移，从 PC 到互联网，从软件到软件＋服务，从端走向极端的计算，微软一定要创新。 第二，我们要加强产业合作，和合作伙伴一起共赢，这也是我们成功的保障。第三，在产业走向服务化的时候，我们的产品不仅仅作为传统的 Windows、Office，而且还要做面向消费者的服务，这对知识产权有帮助，产业整个机遇以及商业模式都给我们带来更大的发展空间。"

——张亚勤 2008 年 6 月 20 日接受 《腾讯网》 科技频道采访

背景分析

盗版猖獗的同时也给微软带来了潜在的市场，因为正是通过盗版这种行为，微软的产品才能在中国如此深入人心，让人们对微软的产品产生了一种依赖。如今在中国，知识产权的保护更加到位了，盗版对微软的威胁也正在逐步解除，正版在中国的地位也慢慢确立起来。不过一个企业的生存发展还是在于创新，创新是一个企业生存需求的。

加强合作也是微软在中国行之有效的一条路，通过合作才能达到最终的共赢局面。在产业走向服务化的趋势之下，微软也开始转变自己的战略，不仅仅做其一贯的操作系统和办公系统，也开始面向消费者，为消费者提供服务。2008 年微软的 Office Open XML 文档格式已经被国际化标准组织正式批准为标准，并启动了一个将 Office 二进制文档转换为 Open XML 的项目。微软还宣布发布的 Office 2007 SP2 将支持 Open Document Format 标准。

行动指南

明确自己的发展空间，逐步成长。

4月
第二周

星期一　变化是循序渐进的

　　2010 年的 IT 市场，互联网肯定值得期待。1 年很难讲，5 年的变化会清晰一些。我觉得互联网现在在中国主要的影响还是媒体、娱乐、搜索，偏向消费者、终端用户；将来的 5 年，我觉得互联网会更多地进入企业，改变企业整个决策、运营的方式。

　　　　　　　　　——张亚勤新浪博客《互联网的未来趋势》一文

背景分析

　　2010 年初 Google 将服务器转自香港，停止 google.cn 域名，但 Google 退出中国并不会就此简单结束。中国是世界上最大的互联网市场，Google 不会轻易放弃。同时 Google 的创新，是中国互联网急缺的。曾经有人问，中国互联网除了盈利，还有什么值得期待。中国的互联网是一个巨大的舞台，可以在上面尽情地发挥，有可能短期内未必能看出成效，所以不能用眼下一年两年的状况来分析以后，正所谓路漫漫其修远兮，应将上下而求索。

　　目前互联网对中国的影响还仅仅停留在小范围消费群体上，对企业的影响还不够，但是随着互联网趋势的不断加强，相信在不久的将来，互联网会进入到大众中来。将会更大程度上的去改变企业的运营方式，不断创造出新的商业模式。

行动指南

订个计划，按部就班慢慢来。

星期二　成功未必繁忙

"讲到巴菲特，有一次参加晚会看到他我好奇打听他的日程。他从口袋拿出一个薄薄的老式日程本，上面记的稀稀拉拉的会议／活动，原来想象他管理那么大的基金，旗下众多公司一定会议满满的。看来成功并不一定很忙。"

——张亚勤新浪微博

背景分析

话说股神巴菲特传奇一生，创造财富惊人，据说他是个连上网都不会的人，他的办公室里面没有一台电脑，他获取信息的方法是读报纸，他所有的信息都是来源于报纸，所以他至今依然保持着最原始的方式，就是用一个薄薄的小本子记录所要做的事情。虽然他没有在互联网兴起时，投资互联网，但是这并不影响他成为世界上最成功的投资者。

至于巴菲特是否上网，目前暂没有详细的证据来考究，但是张亚勤看到他用来记事的老式日程本这个倒是事实。在这个本子上面记着稀稀拉拉的会议以及活动，这和张亚勤原本想象的超级忙碌完全不一样。张亚勤的体会是成功不一定很忙，其实忙和闲都是自己来安排的，安排的科学性是最重要的，管理者最重要的也就是要能够学会如何简化问题。安排得当，再忙也不显忙；安排不得当，不忙也变忙。

行动指南

走出忙碌，找到适合自己的节奏，就可以达到成功的顶峰。

星期三 "富二代"观

"巴菲特'富二代'观：给子女财富'enough to do everything，not
enough to do nothing'。他的儿子 Peter 利用巴菲特的 9 万美金终于实现
自己梦想——成为一名杰出的音乐家。比尔·盖茨也是同样的观点。
这两位世界最富有的人选择把他们所有的财富回归社会——这就是他
们怎样"富"二代。"

——张亚勤新浪微博

背景分析

《鲁豫有约》对"富二代"的定义是：80 年代出生，继承过亿家产。
他们被称为富二代，指的是我国改革开放以来，最早一代民营企业家"富
一代"们的子女，如今他们靠继承家产，拥有丰厚财富。

中国传统观念是子承父业，将家产留给子女，而在西方的富豪眼里，
他们更多的是选择将自己的财富去回报社会，而不是遗留给自己的子女。
巴菲特帮助儿子实现梦想只花了 9 万美金，这和他拥有的财富数量完全不
能相提并论，他的观点是给子女的财富只需要足够他们去做每件事，而不
是足够让他们什么也不用做。比尔·盖茨更是在退休之后一心从事公益，
把自己前半生赚来的财富大部分捐向社会，为社会带来福利。

中国的企业家在财富继承上更多地是想着给自己的后代，而不是如何
利用自己赚来的钱反馈给社会，以促进社会更好地发展。在中国，不少的
"富二代"只是继承了家里的财富，拿出去挥霍，买好车豪宅，而没有能
够利用这些财富自己做出一番事业，更别提回报社会了。

行动指南

向大师们学习如何真正去"富"二代。

星期四　业余爱好

> *"每次看中足踢，就想踢中足。很怀念容志行年代。改革开放30年，中国3件事没有赶上时代步伐：(1) 教育；(2) 医疗；(3) 足球。"*
>
> ——张亚勤新浪微博

背景分析

20世纪80年代中国体育界一直有传承一个精神，这个精神是唯一一个以个人名字来命名的，它就叫"志行风格"。容志行拥有高超的技术和良好赛风，勤勤恳恳、任劳任怨、刻苦训练、技术出众、从不做粗野动作，不报复对方球员，不与裁判争执，不乱吐唾沫。直到今天，"志行风格"仍被称颂。张亚勤说："看中足踢，就想踢中足"的想法，直言不讳地表达出了他对足球运动的喜好。

足球运动源于中国古老的蹴鞠运动，中国足球的发展和国家的发展不成比例，国家的体育、军事、科技、文化均已取得长足的进步，但是足球却停步不前。作为一个球迷，张亚勤才会发出这样的叹息。从张亚勤深深地怀念"志行时代"，可以看出张亚勤是一位老球迷，作为一个IT人，适当地找到自己的爱好，也是一个不错的解压方式。《沸腾十五年——中国互联网1995—2009》的作者林军先生就不止一次地说过，看足球的时候是他最快乐的时候。

行动指南

拥有一个自己的爱好。

星期五　葡萄酒里学问多

"正在参加 Jancis Robinson 的世界葡萄酒之旅酒会。Robinson 是全球极少的葡萄酒大师之一，原来读过她的不少书，今天很荣幸见到她向她请教葡萄酒问题。葡萄酒里的学问比 IT 可深多了。"

——张亚勤新浪微博

背景分析

除了 Robinson 的书，张亚勤还读过很多其他的非专业类书，他的涉猎很广，不仅仅限于自己所在 IT 行业。谦虚谨慎一直是张亚勤的一项美好的品德，俗话说，三百六十行，行行出状元，每个行业都有几个很在行很精通的人，这是很正常的事情。三人行，必有我师焉，和每一个行业的精英做一些交流都会受益匪浅，在葡萄酒上面，张亚勤就向 Robinson 请教了不少，收获也很多。

行动指南

每个行业都有大师，跨行业，向大师学习收获颇多。

4月
第三周

星期一　中国依然有差距

"整个 IT 和智能电子产业技术创新仍然以美、欧、日、韩为中心，

中国有很多展台和产品比往年有进步，但差距仍然很大。'革命'尚未成功，同志仍需努力。"

——张亚勤新浪微博

背景分析

日韩的数码产品和小家电风靡中国，吸引了大量的数码爱好者和家庭的青睐。欧美系电子企业在华的业务发展，是不同于日韩的另外一条道路。欧美IT和智能电子产业的企业在中国的强盛不如日韩的家电和数码，但他们稳扎稳打、步步为营的姿态却使得广大的中国用户，在很大程度上已经成为了欧美IT和智能电子体系用户中的一员。从技术标准、产品形态、企业理念到经销商、ISV、SI这些支撑体系的发育莫不如是。微软、IBM、惠普、SAP、BEA、CISCO等这些曾经对于很多中国人来说拗音拗口的欧美企业，如今已经是耳熟能详，几乎成了欧美IT和智能电子产业的代名词。

中国的 IT 产业虽然也有所创新、有所发展，但是依旧和强势的欧、美、日、韩有着不小的差距。不过中国的一些民族企业，充满信心地去赶超欧、美、日、韩，联想的杨元庆曾经说过："中国的 IT 市场赶超日韩将是大势所趋。"IT 产业的发展上升的空间非常大，随着越来越多的技术创新和大量的人才引进，中国 IT 产业的发展将越来越迅速。

行动指南

要承认差距的存在，但是不要因此而放弃努力。

星期二　培养出的表达条理

"我培养过怎么使自己的发言更简洁，更有条理。比如'30 秒电梯演讲'理论，假设在从 1 楼到 6 楼的时间里，你是一个等着筹钱的人，碰到一个有钱人，你怎么用这段短短时间来说服打动他？另外睡前我会花 2 分钟来理一下明天需要做的三件事，在脑子里过一遍。这

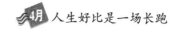

很有用。"

　　——张亚勤 2010 年 4 月 2 日接受 《第一财经周刊》 采访

背景分析

　　如何才能更好地演讲呢？斯大林曾这样描述过列宁的演讲："当时使我佩服的是列宁演说中那种不可战胜的逻辑力量，这种逻辑力量虽然有点枯燥，但是紧紧地抓住听众，一步一步地感动听众，然后就把听众俘虏得一个不剩。"强大的逻辑是保证一个演讲有条理性的关键。同时注重条理，简洁和效率，三者是环环相扣的，条理清晰才能让事情变得简洁，而简洁的行事过程则可以提高办事的效率。

　　30 秒演讲的例子看似很难做到，这正是张亚勤对自己严格要求的体现。一个好的演讲者，可以让听众在听的过程中舍不得花时间去卫生间，生怕错过精彩的内容。张亚勤发言有条理，办事同样有条理。为了更好地安排事情，张亚勤总在睡前整理第二天要办理的事，理出重要的三件事情。

　　凡事预则立，不预则废。一个没有明确目标，不知道自己下一步将要做什么的人，是不能够在事业上取得成功的。

行动指南

　　成功得步步为营，有条不紊。

星期三　极强的自制力

　　"现在大家都讲三屏时代，手机、电视，还有电脑屏幕。我自己是控制力较强的人，没有依赖症。我手机打电话都很少，我也基本不看电视。上网的时间每天在 2～3 小时。"

　　——张亚勤 2010 年 4 月 2 日接受 《第一财经周刊》 采访

背景分析

　　对手机和电脑的依赖，逐渐成为新时代人们的一个通病，破除对科技产品的高度依赖需要很强的自我控制能力。自我控制力，就是自我行为判断后进行的理性行为，这种理性的判断和执行就构成自我控制力。往往就是要实现对很多感性的行为控制，比如遇到事情不分青红皂白就生气，这是失去自我控制力的表现，凡事先经大脑理智分析，做出明确判断之后再进行对现状处理，是一种很强的自控能力的表现。

　　一个好的习惯更能培养自我控制能力。好习惯是一个好人生的开始。能掌控自己的人，是这个世界的强者，缺乏自我控制力的人往往很难成功。没有自控力却在妄谈成功，就像盲人在谈论颜色一样。

　　很多发明高科技产品的人，往往没有过分地依赖自己的成果。在这一点上，张亚勤和比尔·盖茨是很相似。他们都是 IT 企业的巨头人物，但是他们对互联网，对通讯工具没有过度的依赖，比尔·盖茨甚至要求自己的子女也不可以长时间的用电脑。

行动指南

　　有句话叫小不忍则乱大谋，学会控制自己，方能成就大事。

星期四　看山西人

　　"总体我觉得山西人比较憨厚，能容人。当然不是所有人，你看山西疫苗事件。看看当时的晋商，走西口，寄人篱下，如果目光短浅，不包容，是不能做大的。"

　　——张亚勤 2010 年 4 月 2 日接受《第一财经周刊》采访

背景分析

张亚勤是山西人，身上自然遗传了山西人的特色，尤其是晋商的一些特色。

晋商，通常意义是指明清 500 年间的山西商人。晋商经营盐业、票号等商业，尤其以票号最为出名。除了票号，晋商也为中国留下了丰富的建筑遗产，著名的乔家大院、曹家三多堂等。晋商创造了巨大的经济财富，在清政府末期，慈禧太后掌权的政府甚至要向晋商的乔家借钱，支付八国联军向中国索要赔款。

其实晋商最早可以追溯到隋唐之间的大富商——武士彟。隋朝末年李渊父子从太原起兵时，就在木材商人武士彟从财力上的大力资助下取得了政权，而聪明的武士彟也从他的政治投资中得到了巨大的回报。

多少年来，人们一直在探索晋商成功的根源。晋商的成功根源在哪里呢？国内专家分析表明：晋商的成功在于诚信和团结的商帮政策。尽管后来晋商在清朝政府压榨下，逐渐淡出人们的视野，如今出现在人们的眼前的更多是浙商，但是山西人憨厚包容的性格也给中国商业历史添上了一笔浓墨重彩。

行动指南

目光长远，心胸开阔，事业方能做大做久。

星期五　技术人员也吃螃蟹

"博客总是要端出一篇文章，像一顿规矩的午饭，微博感觉像零食，更随意些。我感觉互联网这个产业，新的技术始终在不断涌现，不管是微博还是视频、云计算等，对于我们从事这类技术开发工作的人来说，大家得成为新技术的用户，体验它们。只有了解才能定向、开发产品。"

——张亚勤 2010 年 4 月 2 日接受《第一财经周刊》采访

背景分析

微博，即微型博客的简称，是一个基于用户关系的信息分享、传播以及获取平台。用户可以通过 WEB、WAP 以及各种客户端组件个人社区，以 140 字左右的文字更新信息，并实现即时分享。

美国的 Twitter 是最早的微博，也是最著名的微博。根据相关公开数据，截至 2010 年 1 月，该产品在全球已经拥有 7 500 万注册用户。在国内，目前推出的较为成功的微博是新浪微博。2009 年 8 月新浪网推出新浪微博内测版，成为门户网站中第一家提供微博服务的网站，让微博正式进入中文上网主流人群视野。

微博有着超强的传播能力，便捷性和创新的交互方式，成为继博客之后又一全新的信息平台。张亚勤除开通新浪博客之外，也开通了自己的新浪微博，相对于博客的中规中矩，微博来得更加自由随意，因此他的新浪微博更新速度，远远超过其博客的更新速度。作为互联网行业的技术人员，一种新技术的出现，自然要对其体验和了解。

行动指南

作为技术人员，需要及时体验和了解最新技术。

星期一　自己的小孩也叛逆

"我的小孩也挺叛逆的，不太听我的。我觉得他们天然就少很多包袄，自信天真，但同时又会想当然，一切都是理所当然的，比较自我。"

——张亚勤 2010 年 4 月 2 日接受《第一财经周刊》采访

背景分析

随着时间的推移，90 后，作为新生代，出现在人们的眼帘里。90 后的成长环境相对前几代优越许多，没有经历过政治上的动荡，也没有经历过大的经济波动。由于计划生育政策的影响，90 后的大部分都是独生子女，除父母外，亲情观相对淡薄，在这样的生长环境里，部分人比前几代人来说，更显得有些孤僻，甚至会出现一些问题。

今日中国的信息发展迅速，随着"全球经济一体化"的原因，世界各地的物品均涌入中国，国家间的交流日益广泛。90 后相对年轻，对新事物的接受能力较强，在审美观和价值观方面也与前人有很大不同。

张亚勤说他的小孩很叛逆，叛逆其实是所有小孩都会经历的一个过程而已，并不是什么缺点或者毛病。时下很多人说 90 后多么叛逆，多么非主流，这仅仅是一个表象。随着时代的发展，相信 90 后将会成长成新一代的接班人。

行动指南

理性看待新生代。

星期二　又谈神童

"首先我说一下我不是神也不算童了。如果看一下当时上中国科技大学，后来到美国留学，在不同的公司工作，包括现在在微软做研发，我觉得有几个方面对我有很多的帮助。首先我觉得我本身比较理想化，人比较简单，不管是思维方式、生活方式、心态都十分的简单。我在中国科技大学读书，尽管去得很早，在中国科技大学读了 7 年的时间，读了大学、研究生，对我最大的培养就是给了我信心。信心很重要。

　　我觉得自己特别的幸运，在每一个阶段，都有良师益友帮助我。"
　　　　　　——张亚勤 2006 年 12 月 19 日接受《中关村在线》采访

背景分析

　　谁让张亚勤处于那个神童的年代呢，接受采访总少不了对其神童故事的追问。神童一直都是一个比较耀眼的词汇，可能是由于当年的那股神童热，让人们对"神童"这个词产生了一种不由自主的羡慕和崇拜。那时很多父母都巴不得自己的孩子能像张亚勤这样，小小年纪就考进大学。但是张亚勤自己不觉得神童这个词，是一个多么荣耀多么伟大的词。当年因为这个神童教育，害了很多本应该接受循序渐进式教育的儿童。这种让他们过早接受和年龄不相符的教育，忽视了对情商的培养。

　　在西方国家里是没有神童教育这种说法和做法的，父母会根据子女的意愿来为他们做选择，不会像中国这种专门针对高智商儿童进行特殊教育。张亚勤更不同意将神童的光环套在自己的脖子上，他所体会到的自己的成功是由于自己能够静心学习和自信，并且得到良师益友的帮助，并非一味地因为是神童。

行动指南

　　实力 + 信心 + 运气，组成成功的结构。

星期三　最复杂的是人脑

　　"对于影响技术进步的因素，所有的问题，最后都集中到了一个点上——一个人对自己大脑的理解、建模，以及本身的一种表述。我现在让我们的研究人员去看一些关于大脑的书，最终不管机器翻译、语音识别、人工智能，也包括搜索，其实最后是希望模拟人的思维方式、决策方式。但是目前在计算机领域，包括数学、生物学范畴，整个研究都基于统计学的方式。统计学的方式有一个好处，它本身所做出的结论是模糊的，不是说错或者对，而是用概率说 70% 或 80% 是可以做对的，然后再让人做第二次判断，这样可以简化问题。"

——张亚勤博客《互联网的未来趋势》一文

背景分析

高科技的发展，特别是 IT 的发展，经历了把简单的东西复杂化，再把复杂的东西简化的过程。前面几十年更多是把简单的东西变得越来越复杂，现在微软开始做减法，把复杂的东西简化。之所以说影响技术进步的所有的因素都集中在人的大脑，因为一切的智慧都来源于人类的大脑，人最需要研究和了解的是自己的大脑在思考什么内容。

一切高科技的目的就是为了把人类大脑的思维方式利用外部事物来代替实现。正因为如此，张亚勤才让其带领的研究人员看关于大脑的书，在这一做法上有种返璞归真，寻求本源的感觉。同时统计学又帮助他们把所有的结论进行总结，以概率的形式表现出来，以便真正达到简化的目的。

行动指南

复杂问题简单化的过程是通过人脑来实现的，搞清楚人脑，一切也就清楚了。

星期四　卖游戏机的耐心

"Xbox 是增长速度最快的游戏终端，这里面有两个方面，一方面是游戏非常好，另外是社区的概念，现在买 Xbox 大部分从社区里面买。这是全球的产品，在中国目前还没有时间表。最近我们有很多产品 Xbox 会马上出来，从目前的接受情况看还是比较乐观的，跟 Google 的竞争也是长期的。"

——张亚勤 2009 年 6 月 22 日接受《腾讯网》科技频道采访

背景分析

Xbox 是由微软所开发、销售的家用游戏主机。在游戏市场中，Xbox 和新力索尼公司的 PlayStation 2（简称"PS2"，下同）和任天堂公司所发行的 Game Cube 形成了三国鼎立局面。相对于同一起跑线的其他主机而言，Xbox 的首发软件阵容是极为成功的。虽然 Xbox 在美国上市时，PS2 的全球销量已经突破了 2 000 万台，然而来势汹汹的 Xbox 依然令人畏惧。微软在纽约和旧金山举办了盛大的 Xbox 午夜首卖活动，比尔·盖茨亲临纽约时代广场，并在零点一分亲自将第一部 Xbox 递给热心的玩家，并与其一同体验了 Xbox 的魅力。

不过，相对于 Xbox 强大的硬件性能而言，299 美元的售价在当时简直与恶性倾销无异。以这样的价位销售，每卖一台 Xbox，微软将会亏 125 美元。事实也确实如此，虽然现在全球销量两千万台的 Xbox 已经稳稳坐上了第二把交椅，但这些年来微软在硬件上 10 亿美元／年的蒸发式挥霍实在有些惊人。"第一代就像一局游戏，如果你玩得好，那么到最后他会说：'你可以再玩一遍了，就是这样'！"比尔·盖茨说。

几十亿美元的亏损仅仅是为了"再玩一遍"！世界首富的气魄令所有人胆寒！

行动指南

微软是个很有韧性的企业，若看准有前途的行业，就会有耐心慢慢做。

星期五　智囊团的作用

"研究院在很大程度上变成了公司的智囊团。比尔·盖茨刚刚从他的'思考周'回来。我们帮助他准备了好几十篇东西。包括公司未来技术的想法。这对公司未来的战略有影响。我们同时还了解公司目前的战略，以影响未来战略。"

——张亚勤2002年10月14日接受《新浪网》科技频道采访

背景分析

据说，微软亚洲研究院的最新技术，在微软全球五大研究院中占据近1/3。在多媒体检索计算机系统和存储、数字娱乐及计算机图形、分布式系统研发、大规模数据分析等领域，微软亚洲研究院都有创造性的贡献，有多项技术成功转移到微软公司的核心产品中。不仅如此，微软亚洲研究院在各类国际一流刊物和会议上发表论文若干篇。微软亚洲研究院是比尔·盖茨成功的一部分，就如同他创立微软一样。

高科技企业的成长十分依赖技术创新，要做世界顶端的企业，就要依赖世界顶端的技术。技术创新，是企业生存与发展的核心价值所在，也为企业的进一步发展提供了独特的竞争力。中国人在技术创新方面的才智并不弱于欧美国家。尽管中国的经济发展水平不算发达，但在技术人才的培育上具有规模优势，如果能合理组织，实现技术与资本的良好结合，中国人完全可以在技术密集型产业领域取得成功。

技术创新除了与人才供应有关外，还与人才的激励与约束机制、人才的合作机制与团队精神、研究项目的设置等因素有关。在技术创新方面，微软亚洲研究院也给我们提出一个颇具现实意义的问题：如何去建立创新型的现代科研院所。

行动指南

开明的多元化可以增强企业活力，带来美好前景。

MAY

5月

寻找自我的旅程

5月
第一周

星期一　我管理的企业有在帮助社会

"当前，成为一个企业公民或者一个有责任的企业已经成为众多企业正在思考的问题。我相信，每个成功的企业都有责任使用自身资源和影响对世界和人民产生积极影响。微软一直以优秀公民的标准要求自己。在我们看来，微软要成为一个合格的企业公民，主要表现在三个层次，第一是提高 IT 应用系统的安全性和能效比；第二是展现对商业行为的充分的责任感；第三是要促进知识经济的发展，进一步缩小数字鸿沟，让弱势人群有机会掌握 IT 技术并从中受益。"

——张亚勤 2007 年 12 月 21 日接受《北京青年报》采访

背景分析

企业社会责任是指企业在创造利润、对股东承担法律责任的同时，还要承担对员工、消费者、社区和环境的责任。企业的社会责任要求企业必须超越把利润作为唯一目标的传统理念，强调要在生产过程中对人的价值的关注，强调对消费者、对环境、对社会的贡献。

在四川汶川发生地震之后，微软做出如下回应：1. MSN 中国用户挂彩虹签名，为灾区送出一份温暖，MSN（中国）将捐出 10 分钱爱心款。2. 捐款将捐赠给希望小学工程，专门用于四川地震灾区学校的重建。3. 重建的学校将命名为"彩虹小学"，帮助灾区的孩子们尽快重返校园，继续学习。从上述种种，我们可以看出微软是一家很有社会责任的企业。

行动指南

做企业的同时勿忘回报社会。

星期二　做自己

"我不太同意这样的说法。我们那一届少年班，大约有50多人，80%都拿到了博士学位，宁铂和小谢都是我很好的朋友。每个人都有自己的具体情况，不能简单地说谁成功谁不成功。"

——张亚勤1999年5月26日接受《光明日报》采访

背景分析

由于跟张亚勤同为天才少年的宁铂、谢彦波等的生活经历，使少年班的成效受到了质疑。其实在1977年、1978年的时候，数学、物理很热，张亚勤的很多同学都选择了数学或物理。大家都去做物理、数学，这种反而不正常，但是也不能说他们是不成功的。毕竟中国还是出了不少数学家的，比如陈景润、苏步青等人。但是后来，除了少数之外，大多数都转行了。他们有的改做计算机，有的到华尔街上搞金融，有的做企业管理去了，只有张亚勤依然待在自己最初选择的领域里。

在美国，学物理的找工作是很困难的，在中国恰恰相反。反而是像学天文此类的学生很难找到工作。一个学天文的中国学生，即使在他的研究领域处于世界领先的位置，还是很难找到一个理想的工作。当数学、物理等学科受到追捧后，很多的学生为了毕业就业考虑会去选择这类专业。张亚勤没有去追捧这股热潮，反而更多的按照内心的选择学了电子工程专业。后面究竟谁成功、谁失败，每个人的具体情况都是不一样的，评判标准不一样，但追随内心的选择无疑是一件很开心的事情。

行动指南

成功的定义有很多种，做好自己就行。

星期三　主动融入

"作为一个跨国企业，一定要主动地把自己融入到中国整个体制创新的企业里面。微软不是一个美国公司，而是一个全球的公司，在中国是一个中国的公司，它在中国也是信息产业的一部分，只有中国的信息产业成功，微软在中国才有可能成功。所以作为一个跨国企业不要把自己孤立起来，主动地变化成中国的一部分。"

——张亚勤 1999 年 5 月 26 日接受《光明日报》采访

背景分析

任何一个跨国企业想要在一国站稳脚跟，这需要很主动地融入到该国的企业氛围之中，寻求合作与共赢。如果把自己孤立起来，那么在自己构建的这个封闭的王国里面，只会慢慢脱离该国的发展步伐，甚至走向破灭。只有把自己看做该国企业群中的一分子，才有希望在该国立足和发展。

说到跨国公司要符合当地国情发展的例子中，不得不提 Google。Google 进入中国市场之后，依然坚持自己一贯的作风，没有更好地去适应中国的国情和当地的法律，最终还是因为水土不服，不得不离开中国大陆，转战香港，丢失了很大的市场。

相反微软在这方面所做的努力远远胜过 Google，微软选择符合中国国情的发展，和中国的诸多高校、企业、政府一起合作。

行动指南

孤立的企业怎么可能取得发展。

星期四　不断更正不断进步

"微软在 10 年里做了很多的调整，有些调整相对比较成功，有的走了很多弯路。坦率地讲，我们也犯过一些战略错误。这几年微软走得慢一些，但我觉得我们还是有很大机会，这个产业刚开始。Windows、Office 这两个产品还是很重要，本身有很大的开拓，而且又加了很多新的业务线，所以在新的云计算世界里，在新的软件加服务的商业模式里，我觉得我们还是有很多挑战，但是也有很好的准备。"

——张亚勤新浪博客《互联网的未来趋势》一文

背景分析

任何一个企业都不会在前进的路上一帆风顺的，微软进入中国的过程可以算是摸着石头过河的。在不断调整战略，不断地修正先前的失误之后，微软在中国逐步地站稳脚跟，并取得了良好的进展。

在中国，Windows 和 Office 是市场上知名度比较高的两个微软产品，几乎只要有 PC 的人基本都会知道。在对盗版软件的迂回战术中，微软顺利地抓住了中国这块广阔的市场。从 XP 到 Vista 再到 Windows 7 的一路更新换代，也让用户看到了微软强劲的技术能力和创新能力，同时也推动着硬件的升级。随着云计算的推广和普及，微软在云计算中的研究力度，让我们应该有信心去相信微软将给我们带来的新惊喜和收获。

行动指南

摸着石头过河当小心谨慎。

星期五 选择的智慧

"本来有的企业做产品做得挺好，全都跑去做服务，最后把产品也丢了。这就误导产业界了。"

——张亚勤 2008 年 5 月 22 日接受 《第一财经日报》 采访

背景分析

张亚勤的这句话中，蕴含着一个怎么去捡"西瓜"和"芝麻"的道理。"软件即服务"是一种趋势，但是如果过度地强调"软件即服务"，不免显得有点天真。在软件行业里，软件作为产品的增长确实不如软件作为服务的增长那么快，但是在目前带宽不能免费的情况，软件要完全变成服务是不大可能的。像操作系统、Office 等软件固定安在客户端，就比通过网络下载好。

产品和服务同等重要，那些认为未来软件将消失或者全部免费的观点太过极端。在微软看来，SaaS 并不是微软服务转型的制高点，而只是将其作为一种交付软件的方式。微软自己的策略"S+S"（软件＋服务）的关注点实际上是集众家之长，提供不同选择。

行动指南

既要"西瓜"，又要"芝麻"，应当两手抓。

5月

第二周

星期一　天才之路

　　"首先我不是神童，也不是天才，我觉得是这样，就是我的属下其实都是我的朋友，都是我的同事，这也都是一些比我还聪明的人。所以我们在一起，不管是在想一个产品方案，或者是在从事一个研究的课题的时候，都是一种讨论的方式，大家一起达成共识，经常也有很多的辩论，所以我很少发脾气。"

　　　　　　　　——张亚勤 2008 年 7 月 26 日做客凤凰卫视《财经点对点》

背景分析

　　有一种病叫做艾斯伯格综合征，也就是俗称的天才病，患病之人其实和正常人没有太大差异，通常其智商极高，但情商相对比较低。虽然这类人在某些领域有着极端的天赋，但是这些人真正能够有所作为的并不多，由于情商没能得到相应比例的发展，多数人最后归于平淡。

　　几乎在所有的对张亚勤的采访之中，都会涉及其天才神童这一点，这一点确实是张亚勤人生的开场白中很耀眼的部分。在所有人都关注张亚勤的 IQ 很高的时候，我们可以发现他的 EQ 也很高，这或许也是他能走向成功，没有步方仲永的后尘的一个原因吧。

　　即使一个人拥有着极高的 IQ，缺少 EQ，那么他也很难在事业上达到一个高度的。张亚勤身处管理的这个位置上，更多地需要很好的情商。这个世界上比张亚勤 IQ 高的人有很多，但是同时具有张亚勤那么高的 EQ 的人不多。好的情商为张亚勤的人生夯实了基础。正如他自己所说，和下属

一起在讨论课题时，即使是有很多辩论，他也能控制好自己的脾气，这个是一个人拥有好 EQ 的一种表现。

行动指南

很多时候，EQ 比 IQ 更重要。

星期二　两个简单的梦想

"我有两个简单的梦想，我希望我发明的专利、技术让大家过得更好。我最希望看到的、听到的，就是我碰到哪一个人，说你做的项目、专利，让我变得更加便利和幸福。另外，我是中国人，我希望我们中国的 IT 产业、科技能像体育一样获得奥运会的金牌，科技奥运的金牌。"

——张亚勤 2010 年 4 月 10 日在后危机时代的企业经营环境分论坛上的演讲

背景分析

1963 年 8 月 23 日，马丁·路德·金在华盛顿林肯纪念堂的演说《我有一个梦想》，换来的是黑人平等自由的权利。2010 年 4 月 10 日另一个人说的《我有两个简单的梦想》，让全球大部分人的家中的每一样有着现代科技成分的物品里面都有他努力的成果在里面。通过他做的项目和专利，生活更加便利，更加幸福。这个人就是张亚勤。

张亚勤希望中国的 IT 产业要拿科技奥运的金牌，这一个梦想应该会在不久的将来实现。当今中国的科技、教育、体育、文化等各方面都有了全新的突破和发展，大量技术密集的海外企业入驻中国，而国内的高科技企业也是如雨后春笋般的态势在迅猛成长。中国的体育已经从最初的零金牌迅速进入世界的前列，而 IT 产业也正在迎头赶上，不用太久，张亚勤的第

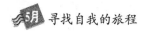

二个简单的梦想一定会实现。

行动指南

怀揣梦想为之努力，那么梦想自有神助。

星期三　中国差距依然存在

　　"每次在国内停一段时间就会有点自满，媒体上和精英们谈到的都是中国多么强大美国怎么衰落。每次一来美国特别是西雅图又被现实惊醒。这里的自然清洁的环境、空气、水，安逸富裕的生活状态，丰富的文化精神生活不正是我们所要的幸福＋尊严吗? 同志还需努力啊!"
　　　　　　　　　　　　——张亚勤新浪微博

背景分析

　　西雅图是微软的总部所在地，当年比尔·盖茨之所以把微软选在西雅图而非硅谷的原因之一，就是西雅图环境优美气候宜人，生活轻松自在，在这里工作心情会很舒畅，效率也会更高，还能有效地避免硅谷的人才流动性太大的问题。张亚勤说每次回到西雅图就被现实惊醒，是因为他用全球眼光看到了中国和西方发达国家依然存在的巨大差距。

　　中国在这么多年里面确实是取得了长足的发展和进步，但是国内媒体的夸大其辞，和对美国的认识不够，让国内的人滋生出一种自满的情绪。在中国有个成语叫做夜郎自大，出自《史记·西南夷列传》。这个成语是比喻骄傲无知的肤浅自负或自大行为，比喻自大的成语还有一个叫做井底之蛙。因此在国内停留的时间长一点，就难免会受到这种影响。

行动指南

　　其实我们和西方还是有不少差距的，切勿坐井观天。

星期四　教育的弊病所在

　　"教育理想需要去功利化，定义太多的短期量化指标对大学和基础科学并不合适（和销售不同）。我们论文的数目，专利申请，SCI/EI 索引，标准，获奖都可以全球第一，但国家的科技水平可能还是不会有质的飞跃。"

　　　　　　　　　　　　　　　——张亚勤新浪微博

背景分析

　　张亚勤的这篇微博道出了中国教育的一个现状，一个尴尬的现状。中国的小学生、中学生参加各种世界级的学科比赛，都能够取得很不错的成绩，甚至可以把世界第一的奖杯抱回家。但是这些学生在步入大学之后，没有几个继续在获奖的这个领域继续做深入的研究，更不用说把这些理论的东西实际应用起来。那些曾经获奖的同学之后都做什么去了呢？这个值得思考。

　　很多教育专家开始反映，中国的教育太过于功利化了，只顾眼前的短期利益，而忽视了长远的利益。过多的短期量化指标，逼着中国的学生为了考试而考试，为了论文而论文。考试过后则什么都没留下，不能不说这是一种悲哀。国家的科技水平一直难以有新的突破和质的飞跃，不得不说跟这种不良现象有一定的原因。

　　张亚勤先在中国接受基础和高等教育，随后又在美国接受过世界顶尖教育的熏陶和影响，他站在一个客观的立场看待了中国科技水平一直没有产生质变的原因。

行动指南

　　想要科技水平有突破，教育要去功利化。

星期五　劳逸结合心态平静

"到年底各种活动应接不暇。我今年试着把90%的活动都推辞掉了。1/3时间度假，1/3做科研，1/3开内部战略会议。感觉很好。现在大部分活动没有信息量。只是赶场而已。太多的企业家忙着作秀，领奖，发奖，讲同样的话。还是要保持一个沉静平和的心态。"

——张亚勤新浪博客

背景分析

作为微软亚洲研发集团的主席，身居高位的张亚勤应酬相当多。但张亚勤总能把绝大部分的活动都推掉，花大部分时间在自己的研究领域，适当地给自己放放假。过于频繁的应酬会让人在这种忙碌中变得浮躁和难以平静。而安排适当的时间度假，则可以让自己得到一分闲适和恬静的休息，以便养精蓄锐；张亚勤本就是技术出身的，搞科研可以算是他的本职工作；内部战略会议则是对工作的一个总结和回顾，以便更好地展开以后的工作。

现今的社会，太多的人被这个浮躁的氛围影响了，很难静下来做些自己想做的事情，正如张亚勤所说的那样，太多的企业家在忙着作秀做宣传。并不是说作秀做宣传不好，只是太多的在外面奔走，分散了自己在本分工作上的精力，失去了自我。因此说保持一个沉静平和的心态是很必要的，是一个企业家所必须具备的。

这也正是武侠小说中为何高手都需要闭关修炼，不得有外人打扰的原因所在了。

行动指南

宁静以致远，过于忙碌的生活和工作其实并不好。

5月
第三周

星期一　异性审美观

"最欣赏女人的3个特点：(1) 心地善良；(2) 阳光微笑；(3) 美
丽大气。最不欣赏女人的3个特点：(1) 不爱洗澡；(2) 说谎成为一种
习惯；(3) 装腔作势。"

——张亚勤新浪微博

背景分析

在对异性的审美上，张亚勤是很传统的人。从这3个欣赏和3个不欣
赏，他道出了作为一个传统的中国男人对女性素养的基本要求。

心地善良是对一个女人的道德品格的衡量，不善良的女人应该不会有
男人会欣赏，就算有也不会是好男人；阳光微笑是对女人内在涵养外在表
现的一个要求，微笑的力量是强大的，一个微笑甚至可以化解一场矛盾，
当然不需要达到一笑倾人城的那种功效；美丽大气，美丽自不用说了，外
表的美丽会让人赏心悦目，而内心的美丽则让人倍感温柔，大气也可以算
是内在美的一种表现。

不爱洗澡的女人至少外表就是不干净的，连外在形象都不注重的女人
更不可能是让人欣赏的女人；习惯说谎的女人只会让人厌恶；装腔作势的
女人更是让人远离之。

行动指南

尽管张亚勤位居高职，但在生活中还是很传统。

星期二　对竞争对手的态度

"现在尽管微软和 Google 还有别的公司有竞争，但我觉得合作的机会大于竞争的机会。另外，在中国建立研发机构，包括微软、Intel、Google，还有国内的包括华为等，这对于打造一个研发的生态环境是有积极意义的，我们需要更多研发机构、更多的创新机制。"

——张亚勤 2006 年 12 月 19 日接受《中关村在线》采访

背景分析

2005 年 12 月，Google 与微软就李开复离职加入 Google 达成和解，李开复举家迁移回京，正式出任 Google 大中华区 CEO。几天后，已经在总部负责 Windows Mobile 与嵌入式系统多时的副总裁张亚勤调任回国，组建微软（中国）研发集团。

微软亚洲研究院由李开复与张亚勤等人联手所创，李开复为首任院长，张亚勤为首任首席科学家并接任第二任院长。后来的研究院如外界所见，因为中国人的聪明才智，已经成为微软内部最为重要的研发机构之一。李开复回京任 Google 大中华区 CEO 后，比尔·盖茨十分担心他报复微软，大规模挖角微软研发人员，如果这一担忧成为现实，或许微软未来 5年乃至 10 年的研发方向都尽在 Google 之手，这是绝对不能容许的事情。挖角也并非不可能，尽管李开复没有这么做，但我们依然看到，现在 Google 中国研发高管名单中，不乏履历中有微软亚洲研究院曾经的骨干。

能与李开复抗衡，并在研发人员和大学生们中间拥有同样巨大影响力的唯有张亚勤。因此，亚勤受重任于斯时。事实证明，后续 4 年的微软

（中国）研发集团影响力持续上升，现在在微软内部已经不可或缺，张亚勤功不可没。

李开复出走时隔一年之后，人们问起张亚勤和李开复的关系，张亚勤只是回答有机会会和 Google 合作，这也算是对两者关系的最好解释。

行动指南

用积极的心态看待竞争对手。

星期三　差之毫厘，谬以千里

"这都是一念之差的事情，他或许是怕失败，多了一些顾虑。"
——张亚勤 2009 年 3 月 18 日接受《中国经济周刊》采访

背景分析

刚恢复高考的那段时间，国家为了能够早日实现复兴大业，为了超英赶美，把希望寄托在这一群有可能成为科学家的神童身上，指望着这群神童能够加快中国发展的速度。殊不知这种揠苗助长的方法，非但没有得到应有的效果，反而带来了一些不良的影响。现在看来，当年的神童热，最终只是制造了张亚勤现在的个人表演秀。

至于第一神童宁铂为什么没能达到人们对他的预期，这里面原因是多方面的。在 1998 年的《实话实说》节目中，宁铂现身抨击当时神童教育。其实神童教育的弊端就在于把所有天资聪颖的儿童集中在一起，看似有利于这些神童一起交流，思维碰撞，但是没能给他们更多自由选择的机会，要知道他们那时候还只是些孩子。

宁铂三次考研都在最后关头选择放弃，两次离家出走，最终还是遁入空门，研究佛法去了。幼年时太多的光环，导致了这些神童无法自己选择将来的路怎么走，而是不得不按照人们对他们的期待去走。宁铂对失败的

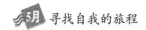

恐惧源于幼年时人们对他过多的期盼，这是神童教育的失策之处，如果当年没有那么高的社会关注度，也许就不是如今这个结果了。

行动指南

一念之差，结果往往大不一样，果断的一瞬间决定可以改变结局。

星期四　人才资源

"看咱们的中国，我觉得已经走向了新的阶段，从制造中心走向了创新，或者是制造的中心。首先，中国巨大的人才资源，现在我们在 IT 方面，我们有 30 万人，是美国的 5 倍，是印度的 2 倍，是全球最大的 IT 人才的市场。"

——张亚勤 2007 年 12 月 1 日在 IT 两会的演讲

背景分析

尽管现行下中国的教育体制，存在着这样和那样的问题，逐渐开始显露出应试教育的弊端，但中国的教育还是培养出了众多优秀的人才。进入21 世纪之后，科技在生产生活中的作用越发重大，人们对科技的依赖也越来越深。改革开放，让中国吸收了世界先进文明的精髓，也开始了科技兴国之路。

改革开放之初，我们的制造业，更多的是贴牌生产，利用廉价劳动力生产产品，只赚取极少的加工费，让大部分利润都让国外企业赚了。

如今 IT 产业的不断深化，中国信息技术人才的数量也在不断增加，和世界上的另外两个 IT 强国相比，在数量上占据着绝对的优势，当这种数量上的优势通过不断地量变，最终会产生质的飞跃，走向一个新的阶段。中国制造将变成中国创造。同时中国人口众多的优势，也将是中国巨大人才资源的坚强后盾。

行动指南

数量上的人才优势要能够转化为质上的突破。

星期五　主角配角

"因为一个人一辈子大部分的时间不会是 No.1，不会是最后作决定的。"

——张亚勤 2002 年 11 月 1 日接受《世界经理人网》采访

背景分析

张亚勤在美国某机构工作的时候，是该机构的核心成员，是那儿的 No.1，那个机构要做什么事情是他说了算。回国之后是李开复的助手，是帮助开复的 No.2，李开复走之后张亚勤又变成决策者。这个角色的改变本身也是很好的经历。因为一个人一辈子大部分的时间不会是 No 1，不会是最后作决定的。你是在帮助你跟前的人，帮助你的同事，帮助你的老板，大部分时间你不是在做主角。要做好主角一定要做好配角，而且做好配角往往比做好一个主角还要难。

其实个人技术是其次的，懂得如何配合整个团队，一起向前发展才是最重要的。玩过一些战略游戏的人一定很清楚，比如说 dota，一个人的装备再好，技术再高超，没有团队的支持和配合，那么这支队伍也无法达到最终的胜利。在一个队伍里面，帮人就是帮自己，就是帮助团队。唐僧师徒 4 人取经能够成功也正是团队配合的充分体现。

行动指南

个人的价值只有在团队的进步中才能得到体现。

星期一　企业影响力

"另外很重要的一点，我把它叫做辐射效益，或者是你这个人的影响力，你的这个产业、业务，对别的企业的辐射或者是放大的效应。另外一个方面是说，如果你的企业没有了，对于这个产业有没有很大的影响。所以，我觉得这个是十分重要的。"

——张亚勤 2002 年 11 月 1 日接受《世界经理人网》采访

背景分析

当今世界市场竞争的手段，正在发生微妙的变化。由原来的价格竞争、质量竞争、服务竞争等单项竞争变为企业全方位的形象竞争，美国哈佛大学经济学家罗伯特说："15 年前企业是在价格上相互竞争，今天是在质量上的竞争，明天则是在企业形象上的竞争。"要占领市场，不仅要有优质的产品，平实的价格，更要有一个公司的品牌和优美的楚楚动人的形象，告诉人家你是什么，叫什么名字，有什么特点，有什么个性，从而占领消费者的心。

美国的肯德基之所以销路好，不仅因为鸡味道好，价格好，更重要的是全世界 9000 家肯德基店有统一的品牌、统一装饰的优美形象，在那里有优雅的环境、温馨的服务、美国乡村的音乐，好像在向你讲述一个迷人的神奇事。去肯德基店吃鸡的人不仅是吃味道，更是一种文化享受，这都是对消费者，对用户的影响。

同时企业影响力是一个较高层次的管理，管理模式在不断变革，由过去的以生产为中心、以盈利为中心变为以人为中心。

行动指南

企业影响力也是一种竞争力。

星期二　做减法

"Windows 7有很多新的功能，简单总结一下有三个重要的特点。第一，更加简洁。我们深刻认识到，一个成功的产品不仅仅要有一流的技术，而且还要有很好的用户体验，特别是在兼容性方面需要更加完美，所以我们在设计用户界面和功能时，尽量把复杂的功能隐藏在后面，使得这些用户界面的使用更加简洁、人性化和方便，可以说是做了一次减法。"

——张亚勤2009年10月23日在杭州第十届国际电脑节开幕式上的演讲

背景分析

Windows 7做了许多方便用户的设计，如快速最大化，窗口半屏显示，跳跃列表，系统故障快速修复等，这些新功能令Windows 7成为最易用的Windows。大幅缩减了Windows的启动时间，据实测，在2008年的中低端配置下运行，系统加载时间一般不超过20秒，这与Windows Vista的40余秒相比，是一个很大的进步。Windows 7将会让搜索和使用信息更加简单，包括本地、网络和互联网搜索功能，直观的用户体验将更加高级，还会整合自动化应用程序提交和交叉程序数据透明性。Windows 7包括改进了的安全和功能合法性，还会把数据保护和管理扩展到外围设备。

Windows 7进一步增强了移动工作能力，无论何时、何地、任何设备

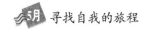

都能访问数据和应用程序，开启坚固的特别协作体验，无线连接、管理和安全功能会进一步扩展。令性能和当前功能以及新兴移动硬件得到优化，拓展了多设备同步、管理和数据保护功能。Windows 7 可以算是 Vista 的"小更新大变革"，微软还宣称 Windows 7 将使用与 Vista 相同的驱动模型，即基本不会出现类似 XP 至 Vista 的兼容问题。

行动指南

用户的产品体验是第一位的。

星期三　技术和产品前景

"最好的产品里并不一定要有最好的技术，做产品的时候要定向给客户，首先要让客户能够使用；价格和功能比应该是最佳的一种组合；成熟的技术一定要把握进入产品期的最佳时期。"

——张亚勤 2009 年 3 月 28 日接受《育龙网》采访

背景分析

这段话讲述的是研发和应用的关系，从哲学上讲是生产力和生产关系的相互作用原理。技术就好比是生产力，先进的生产力可以促进生产关系的发展，生产关系可以反作用于生产力，但是如果先进的生产力不能促进现有的生产关系发展，那么再先进的生产关系也是没有用的。

再先进的技术，做出来的产品，如果不能让客户使用，不具有使用价值，那么这个产品就是失败的，因此张亚勤强调最佳组合这一概念，很适用于现如今的一些科技导向型的企业。掌握了技术，还需要掌握用户需求，才能做出最好的产品来。

行动指南

技术和产品前景未必是正比例关系。

星期四 出尔反尔

"微软不会做手机，但会和手机厂商合作打造智能产业链。"

——张亚勤 2006 年 12 月 19 日接受《中关村在线》采访

背景分析

2006 年微软在众多场合说，微软不会做手机，而在 2010 年 4 月 14 日微软公司在美国旧金山举行新品发布会，正式发布了其自有品牌的两款手机。美国《商业周刊》记者格雷姆曾经说："微软是谎言大家，他们成天说，我们不做这个，不做那个，但最后大家发现他们是无所不为。"

微软为什么要出尔反尔地做手机呢？微软之所以推 Kin1、Kin2 手机主要是为了跟 Google 的 Android Phone 以及苹果的 iPhone 竞争，像 iPhone 还有谷歌的 Android Phone 都非常受欢迎，以至于微软的操作系统在智能手机操作系统中影响力也在下降。从移动应用的角度，微软也没有它自己的应用商店，它是希望通过跟 Facebook、Twitter 做战略联盟，加强它在移动运动领域的竞争力，为将来大规模推广微软自有品牌的手机做一个尝试。

行动指南

激烈的市场竞争下的出尔反尔是可以理解的。

星期五 成功与失败

"不鼓励冒险，肯定不会产生很好的创新结果。如果每个项目都成功，说明你失败了。"

——张亚勤 2008 年 1 月 18 日接受《数字商业时代》采访

背景分析

微软的企业文化当中有一点，就是鼓励冒险和鼓励失败。俗话说失败

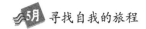

是成功之母，只有在失败之中吸取教训，才能更好地获得下一回的成功。爱迪生发明电灯，也是经过上千次的大胆尝试，经历无数次失败后，最终发明钨丝灯的。

微软虽然坐在 IT 行业的大佬位置上，但是微软也是在不断的成功和失败之中断断续续地前进，在微软的一系列作品中，Windows 系列尽管市场占有率一直惊人，不过其历史上的败笔也不在少数。前不久的 Windows Vista 就是微软视窗历史上又一败笔，由于该操作系统兼容性不佳等问题，让全球许多用户对其指责不断，市场销量也不理想。

因为微软也没做到每个项目都成功，更何况每个项目都成功的话，那和每个项目都失败有何区别呢，岂不成了独孤求败了。

行动指南

独孤求败的境界难以达到，也不需要达到。

JUN

6月

大智若愚

6月
第一周

星期一　如何看待智者不智的行为

"这不仅是中国，全球都有这个问题。因为法律与一个国家的社会形态是联系在一起的，所以每个国家的敏感点不太一样。"

——张亚勤2010年3月4日接受《中国新闻网》采访

背景分析

Google作为全球第一大互联网公司，两位创始人可以说是智者中的智者，然而在进入中国之后，却没有能结合中国的实际情况作出智慧的转变，而是一味坚持自己企业创办的原则和方法，毫不顾及当地的法律规定，对自己的商业模式过于自信，最终没能把握住中国这块巨大的市场，失之东隅的同时，并没能够收之桑榆。其实Google不只是在中国这样，在许多国家都有这样的问题出现。对于Google的行为究竟是愚者不愚，还是智者不智，其实这是个仁者见仁的问题了。

尽管微软在中国也曾数次因为各种原因，产生了一系列的不良影响，但是在及时沟通交流之后，这些问题都已经迎刃而解了，并且做到了经营理念常新，发展水平常青。在中国的法制体系之下，所有中国境内的自然人和法人都必须遵守，这是没有讨价还价的余地的。要赢得市场就要合法经营，诚实劳动。

行动指南

掌握生存环境的原则，才是智者应有的行为。

星期二　不惧未知

"从来不拿地图，跑到哪是哪，遇到感兴趣的就停下来。"
　　——张亚勤新浪博客 《成功之谜》 一文

背景分析

　　这是张亚勤在讲述自己在美国求学生涯中的一个细节，和女朋友两人租辆车到处开，他甚至在一次去上课途中停车下来，参与到偶遇的一场反核武器示威游行中去。从不拿地图，也不担心自己会迷路，这也就正如其所说的那样，人生的兴奋在于未知。遇到感兴趣的就停下来，停下来之后是会有收获的，这也充分说明了张亚勤始终对周围事物的一种探索和求知的精神。Stay hungry，Stay foolish 算是对他性格的一个写照了。

　　好奇心促使人类对未知的探索，好奇心越强的人对未知领域的渴求欲望越迫切。朱熹说："学贵有疑，小疑则小进，大疑则大进。"社会在前进，科学新发现层出不穷，活到老，学到老，生命不息，学习不止。探索未知，学习新东西，掌握新知识，这是为了更好地生活。也正如莎士比亚说："知识是我们得以飞上天堂的翅膀。"

行动指南

　　常保饥渴求知，常存虚怀若愚。

星期三　距离破产只有咫尺

"微软走过了30多年的发展历程，今天，全球的业务规模已超过500亿美元，但我们却希望如同当年一样，时刻保持着强烈的危机意识，并努力倾听亿万用户的声音，以保持创新优势，使公司能够矗立于IT科技的最前沿。这是微软公司能够不断超越自己的最大原因。每一位微软员工都对公司的发展分担一份责任，这已经成为微软企业文化的一部分。我很高兴在过去的这些年里，能在基础研究、产品开发、市场拓展、合作伙伴关系拓展等诸多不同的领域，为公司的发展作出自己的贡献。"

——张亚勤2007年12月21日接受《北京青年报》采访

背景分析

如今微软已经在业务规模方面达到了一个非常高的高度，但是里面的员工却依然时刻记着比尔·盖茨当年的那句话："微软离破产只有18个月的距离。"在很多人看来，微软现在如此有钱，比尔·盖茨这句话，仅仅是一句玩笑罢了。但在比尔·盖茨看来不是，比尔·盖茨身上保持着很强的危机感。相比他的技术天赋而言，他更是一个商业奇才，张亚勤从他身上学到了这种一个企业家应该具备的素养，这也是微软亚洲研究院能够一直充满生机和活力的原因所在。

任何危机都不是随机出现的，它总是潜伏在没有危机意识的企业中。明智的管理者总是能够居安思危、正本清源、建立预警机制，防患于未然。努力倾听用户的声音，是微软能够一直走在科技最前沿的原因，因为以用户需求为导向，以市场为风向标，不断超越自我。

没有危机意识才是最大的危机，危机意识是一个企业不可缺少的，企业生存当居安思危。

行动指南

时刻保持警惕，因为危机随时会来。

星期四　跟随产业走

"大的环境有了很大的改善，如软件知识产权的保护。我很高兴看到了保护的力度与环境的关系，过去五年政府在安全方面保护做了很大的力度，现在盗版现象还有很多。我们要创新，这也是我们的生存的需求，特别是产业转移，从 PC 到互联网，从软件到软件＋服务，从端走向极端的计算，微软一定要创新。第二，我们要加强产业合作，和合作伙伴一起共赢，这也是我们成功的保障。第三，在产业走向服务化的时候，我们的产品不仅仅作为传统的 Windows、Office，而且还要做面向消费者的服务，这对知识产权有帮助，产业整个机遇以及商业模式都给我们带来更大的发展空间。"

——张亚勤 2008 年 6 月 20 日接受《腾讯网》科技频道采访

背景分析

2008 年微软对盗版商番茄花园采取了强有力的打击措施，加上中国政府对知识产权的保护比较得力，让微软在操作系统上得到了很大的发展。但是在面对产业的发展的同时，微软还需要做的是更好地去为消费者考虑，而不仅仅局限于自己各种软件的开发。未来商场上的竞争归根到底是商业模式的竞争，环境已经发生改变，如果不在商业模式上面做出更新和改变，那么原有的竞争力都将得不到保持。

微软一向都是客户端的统治者，在这一点上毋庸置疑。在云计算即将流行的现今，客户端为王的理念也将会有所转变，因此微软开始进行产业转移，强调从 PC 到互联网，从端走向极端的计算。微软需要不断创新，

才能在未来的新环境里面获得长足的发展，才能立于不败的地位。

行动指南

看准时机，随机应变。

星期五　向巴菲特请教

"过去我对投资、股票一直有一些偏见，认为它们是短线炒作，是一种投机行为。但经过和巴菲特的谈话，我发现它们还是起到了一定流动和实现价值的作用。我也比较认同巴菲特坚持价值投资的原则，他几乎不涉及金融衍生品。我个人的观点是，金融衍生品完全就是在赌博。现在的资本市场，应该只是起到催化作用，而不应该是主导，因为它们本身并不创造价值。"

——张亚勤新浪博客《CEO峰会小记》一文

背景分析

金融衍生产品是指其价值依赖于基础资产价值变动的合约，这种合约可以是标准化的，也可以是非标准化的。在遇见巴菲特之前，张亚勤由于对金融界的接触不是很深入，对股票这类金融投资，理解不完整，加上亲历了2008年华尔街的金融风暴，使他对股票等的投资行为忌讳莫深。后来经过向大师巴菲特的请教，张亚勤认同了其投资的原则和观点。同时在金融衍生品这一点上，张亚勤和巴菲特基本上取得了一致。通过交谈，了解到巴菲特先生1965年收购伯克希尔－哈撒韦纺织厂一事，让他深刻认识到巴菲特不只有投资天赋，还是一位很有人情味的投资家。这正印证了中国的一句古话：赚小钱靠聪明，赚大钱靠智慧。是有道理的。

通过张亚勤对股票认识的改变，我们也看出张亚勤是一个谦虚的，虚怀若谷的人，他一直在谦虚地学习。

行动指南

在某个领域不懂，那就应该去请教该领域的大师级人物。

星期一　危机里的财富

"虽然危机具有破坏性，但也有它积极的一面。改革开放 30 年来，中国的经济经历了持续的增长，我们已经习惯于从高速发展的中国经济中分享价值和机遇。这次危机首先将唤醒人们的危机意识，从危机中学习积累如何让社会的发展和进步更加平衡，如何让经济重上健康发展快速通道的经验，对于我们的未来都是弥足珍贵的财富。"

——张亚勤新浪博客《博鳌归来谈感受：逆境中的领导力》一文

背景分析

2008 年美国的次贷危机爆发，继而向全世界蔓延，引发全球性金融海啸，给企业带来重创。同时给改革开放 30 年中的中国企业深深地上了一堂危机意识课。随着全球经济一体化的进程进一步加剧，全球经济联系越来越紧密，一场金融危机让所以人都不能独善其身。

但危机也是机遇，洛克菲勒和卡内基正是在 19 世纪 70 年代的经济衰退期，分别利用了石油精炼和钢铁冶炼方面的新技术，向竞争对手的弱点发起冲击，从而登上了新兴的石油和钢铁行业霸主的宝座。每次金融危机让人们学到危机意识的同时，也让人们在危机之中学会了如何把握机遇，抓住发展的契机。在 2008 年的这场金融危机中，中国铝业、中石油等一批资源型企业逆市而动，在全球展开并购行动，也反映了他们明确的远景规划和坚定布局。

2009 年博鳌论坛是针对金融危机，共商经济复苏的盛会。因此张亚勤提出从危机中积累才能让社会平衡发展这一点思路。

行动指南

在危机中积累经验，寻求创造财富的机会。

星期二　自救也救人

"创新不仅仅是技术的投入，创新有商业模式，还有市场各方面的创新。第二点中小企业在这个时候自己做研发并不是唯一的渠道，可以购买一些技术做一些技术授权，重要的是引进一些好的创新工具和技术。还有，从政府的角度来讲，我们要更多地扶植中小企业，特别在经济比较低迷的时候，整个创新基金应该更多地覆盖帮助中小型企业，作为微软来讲，我们是比较大的公司，尽管在金融危机的时候受到影响，但是我们相对来讲有比较强的实力，我们也在帮助中小型企业。"

——张亚勤 2009 年 9 月 10 日接受《腾讯网》财经频道采访

背景分析

2009 年包括 100 名政要在内的全球 86 个国家 1 400 多名嘉宾参加了以《夏季达沃斯：重振增长》为主题的"达沃斯新领军者年会"。作为互联网的领军人物，张亚勤也参加了这次年会。在这次年会上，腾讯财经问张亚勤："像微软、英特尔这样的企业有钱，能够在大家最困难的时候拿出钱投入，但是结合创新看其他没钱的小公司，其他没有钱的小企业在这个时候怎么样持续投资，继续支持，这是一个问题。第二是你有没有在这个时候关注到没钱的小企业，是否有一些新的模式，互助的模式推出来帮助他们也能够创新。"张亚勤给予了上面的回答。

根据麦肯锡对过去 20 年高科技企业在经济衰退时做的整个研究，表明在经济衰退的时候，加大研发的企业往往在经济恢复之后有更强的竞争力，这对高科技产业是很重要的启示。微软在全球经济低迷的时候不仅没有减少研发，而且增加了 15%，2009 年整个研发经费是 95 亿美元，比 2008 增加了 10%多。

麦肯锡的分析偏重于大企业，但相对于没钱的小企业在金融危机应当怎么度过呢。张亚勤强调说，需要小企业去创新。同时表明尽管微软也受到了危机影响，但微软实施的对中小型企业的援助，给予中小型企业创新工具和创新技术上的帮助却没有停止。面对困境，所有的企业都应当团结在一起，共同应对困难，而不应该独立起来各自为政，甚至互相厮杀。

行动指南

困难之中，互帮互助不可或缺。

星期三　异曲同工的交流

"长江商学院不到 8 年打造成国际一流商学院。我问项兵院长秘诀，他说世界一流教授＋从月亮看地球（新思维新视觉）。这和微软亚洲研究院成功有异曲同工之妙。"

　　　　——张亚勤新浪微博

背景分析

长江商学院成立于 2002 年 1 月，是李嘉诚基金会捐资创办的非盈利性高等教育机构，也是中国政府批准的第一所以提供工商管理硕士、高层管理人员工商管理硕士、博士课程和高层管理培训为主的独立商学院。创立长江商学院的目的在于抓住中国经济持续快速增长的大好机遇，为中国打造一个享誉全球的世界级商学院。其使命是为大中华地区造就一大批世界级商界领袖，开创新的知识领域，促进管理理论与实践的发展。

　　微软亚洲研究院作为微软在全球第二大研发基地，长江商学院作为培养商界精英的"黄埔军校"，都是国际一流的机构，两者之间还是有着相同之处的，都在不到10年之间，迅速发展成为世界顶级的人才培养基地。微软亚洲研究院培养技术人才，长江商学院培养管理人才。当然项兵院长所说的秘诀，只有两点。世界一流的教授，当然可以交出一流的学生来，正所谓名师出高徒，这是其一。而从月亮上看地球，则是一种新的视角。想要把一个研究机构搞得有声有色，光有一流的师资还是不够的，需要一种全新的看问题的角度。微软不也正是这样的嘛。

行动指南

　　一流的机构总是在某些层面上有着共同之处的。

星期四　政府与经济

　　"2010 年 GDP 8%：这个目标是近些年最低，甚至低于经济危机的 2009 年（8.7%）。说明政府更注意均衡发展而不是 GDP 挂帅。GDP 从"量"到"质"，是一个大进步。"
　　　　——张亚勤新浪微博

背景分析

　　中国的经济总量已经位居世界第二，仅次于美国，但是稍微懂点经济常识的人都知道用 GDP 来衡量一个国家的综合实力是不准确的，由"狗屎

经济"这个简单的笑话就可以看出。

两个经济学家在一起，甲对乙说："地上有一摊狗屎，你把它吃了，我给你100万元。"于是乙把狗屎吃了，甲给了他100万。接着乙对甲说："地上还有一摊狗屎，你把它吃了，我也给你100万元。"于是甲又把狗屎吃了，他也得到了100万。故事的作者感慨：两个经济学家什么也没做，吃了两摊狗屎，结果却创造了200万元的GDP，简直不可思议。

中国已经从高GDP的追求层面实现了转变，尽管这几年的目标定低了，不再只是一味追求总量的提高，但是更加注重质的提升。这一点是真正能够有利于实现人民安居乐业的，不再是面子工程，而是更关注里子了。

行动指南

经济的发展方式要从粗放型向节约型转变，政府更应当注重经济的均衡发展和人民生活品质的提升。

星期五　同自己竞争

"我们在一些重要会议上发表的东西，有的成果发表出来没过几天就有人超过我们了。我们又去超过他们。这样的例子挺多的。只有这样，整个产业技术才会更快向前发展。"

——张亚勤2008年6月18日在第六届软交会上的发言

背景分析

在武侠小说里经常看到，一些武艺高超的人，尤其是门派掌门人，把自己门派的绝学当做稀世珍宝一样收藏着，生怕被人知晓后，破解了自己的绝招。微软可以算是IT产业这片武林里面的顶尖高手了，但是却没有这么做，而是选择一种开放的态势来面对市场。

强势的人一定要有开放的心态，具备开放的心态，我个人认为不仅仅是强势的人要具备，非强势群体的人，强势的团队都需要具备这种素质，否则是很难在个人还是事业方面取得长足的发展，发展的过程是新事物积累并沉淀的过程，没有开放的心态，一个人就不可能学会新东西，也不可能进步和成长。开放的心态，是学习的前提，也是沟通的基础。开放，应该是一种修养，一种个性，一种心态，一种气度；是不故步自封，不固执僵化，不排斥交流；是能正确地对待自己、他人、社会和周围的一切。

行动指南

一切竞争其实质都是在和自己竞争，自己才是最大的竞争对手。

星期一　随时在成长

"就是在业务模式方面，我们看到了一个很大的转型，就是从软件走向软件＋服务，我们并不认为软件作为一个产品将会消失，相反这也是不断成长的业务，软件作为一种服务确实是新的模式，改变人们生活的方式。"

——张亚勤 2008 年 6 月 18 日在第六届软交会上的发言

背景分析

第六届中国软件交易会于 2008 年 6 月 18 日至 22 日在大连世界博览

广场举办，展会的主题为"软件：引领数字融合"。展会内容划分为国际合作、自主创新、行业应用、人才交流、资金对接、信誉保障 6 大板块。中国国际软件和信息服务交易会是国务院批准举办的中国唯一的国家级软件交易会。这是张亚勤在这次会议上的演讲。

在 IT 的业务模式上，张亚勤似乎并没有对软件业有太多的担忧。他认为软件业不会消失，而是会出现一个转型，出现一种新的模式。软件即服务（Software-as-a-Service，简称 SaaS），是随着互联网技术的发展和应用软件的成熟，而兴起的一种完全创新的软件应用模式。客户按使用时间或使用量付费。这些应用软件通常是在企业管理软件领域，并通过互联网来使用。通常理解下的 SaaS 软件主要应用于 CRM（客户关系管理）、HRM（人力资源管理）、SCM（供应链）以及 ERP 等企业管理软件。

IT 产业已经从以 PC 为中心走向以互联网为中心，作为一个技术人员应具有一个前瞻性的眼光对软件行业前景的看好和信任。

行动指南

技术人员是和行业一同成长的。

星期二　为人处世

> "我和唐骏是很好的朋友，每次我来上海，我们都会聚聚，一起吃饭。至于陈永正，每次他都会送我 NBA 的 VIP 包厢票。"
> ——张亚勤 2010 年 5 月 25 日接受《外滩画报》的采访

背景分析

工作是一大机器，员工就好比每个零件，只有各个零件凝聚成一股力量，这台机器才可能正常启动，这也是同事之间应该遵循的一种工作精神或职业操守。在生活中，有的企业因为内部人事斗争，不仅企业本身"伤了元气"，整个社会舆论也产生不良影响。张亚勤在与同事的关系处理上，值得我们学习，尽管和唐骏、陈永正已经不再一起共事了，但朋友之情永不退热。

唐骏、陈永正都曾经是微软（中国）的 CEO，如今一个任职新华都集团，一个任职 NBA 大中华区 CEO 后加盟德福资本公司。从陈永正每次都送张亚勤 NBA 的 VIP 包厢票可以看出，他俩交情蛮好的。

中国人的处事讲求中庸之道，有俗话说，君子之交淡如水，诠释了朋友之间的友谊是一种相互的信任和生活所带来的平淡后的宁静与幸福，"淡"是生活的味道，也是时间验证的朋友味道；最主要的是"淡"如平静的水，而不是汹涌的波涛，真正的朋友之间不需要有大风大浪一样的日子，能够和气、平安、健康、快乐、珍惜、信任、像水一样的清澈透明的友谊足以。张亚勤的为人处世之道值得我们好好学习研究。

行动指南

君子之交淡如水。

星期三　搜索与服务

"互联网搜索将越来越更深层，去找到更多真正相关的信息；搜索将越来越垂直化（垂直搜索），越来越专项，比如移动搜索、学术搜索、位置搜索、产品搜索、视频搜索等；搜索将越来越智能、界面越来越人性化。而现在的搜索往往搜到的只是一个网页，而不是搜到服务。"

——张亚勤 2006 年 12 月 19 日接受《中关村在线》采访

背景分析

2006 年 12 月 19 日下午 3 时，CNET 中国《中关村在线》主办的《敢

问凌云壮志，解析无界雄心——微软全球副总裁兼中国研发集团总裁张亚勤在线访谈》大型活动。联合 CNET 旗下网站 PCPRO、SPN、ZDNET、PCHOME 以及 ZOL 全国 64 家分站共 78 家媒体联合举办了现场直播。微软副总裁兼中国研发集团总裁张亚勤博士走进了直播间，与 ZOL 数十万网友一道，就微软公司中国战略、软件行业的现状和发展展开讨论，并在线回答了网友提出的问题。访谈中，大家较为关注的一个问题便是微软搜索引擎与 Google 对比如何胜出。

尽管微软曾多次更换其搜索引擎品牌，从 MSN 到 Windows Live 再到 Live Search，但是其份额始终没有什么大的起色。张亚勤强调搜索将越来越专项，此前微软研究院一名技术专家曾经说过："75%的内容使用搜索引擎搜索不出来"。因此在和 Google 的对决中需要有更加到位的搜索服务，而不是局限在一个网页之上。

行动指南

搜索引擎竞争将会趋于专项化，搜索不应只是搜网页，搜到的更应该是服务。

星期四　云计算新思路

显示技术的重大突破会为各种"端"的研发提供新思路。
——张亚勤新浪博客

背景分析

当下，电视屏幕、电脑屏幕、手机屏幕都越来越薄和轻便可携带，同时功耗也越来越低。

支持柔韧材料和高清显示的 OLED（小分子有机致电发光显示）和 PLED（高分子有机致电发光显示）有望在未来 5 至 10 年内成为主流，两者的区别主要在于发光材质和制造工艺，前者更适用于手机、电子阅读器等小屏幕设备，后者则可普遍用于对显示效果要求较低的超大屏幕的内容呈现，也许有一天，你的房间的墙壁和窗户都是基于 PLED 技术的巨型显示器。

此外，一些企业还在积极开发基于各种便携"端"的投影解决方案，这有利于解决长久以来存在的计算、通信端的便携性与屏幕尺寸之间的矛盾。

行动指南

大胆憧憬云计算带来的惊喜。

星期五 不怕走弯路

"微软在 10 年里做了很多的调整，有些调整相对比较成功，有的走了很多弯路。坦率地讲，我们也犯过一些战略错误。这几年微软走得慢一些，但我觉得我们还是有很多机会，这个产业刚开始。"

——张亚勤 2010 年 4 月 2 日接受《环球企业家》网站采访

背景分析

没有一个企业能够在成长的路上一帆风顺，微软也不例外，微软一路走来其实做了许多次调整，也是在淌着水、摸着石头过河。

虽然微软拥有 Windows、Office 这两个非常好的产品，但微软还需更大的开拓，叠加很多新的业务线，所以在新的云计算世界里，在新的软件加服务的商业模式里，微软还是有很多挑战，有来自 Google 的，有来自苹果的；有软件领域的，也有硬件领域的，更有游戏领域的，但是也有很好的准备。

捷径，往往是由前人通过无数次不厌其烦的实践，加上长期积累的经

验，才找到的一种解决方法的简便形式。所以说捷径是由无数次走弯路的经验累积而成的，弯路乃捷径之母。鲁迅先生不是说过吗，其实世上本无路，只是走的人多了，也就成了路。

行动指南

走了弯路不要紧，要紧的是及时调整，调整过来就有捷径。

星期一　搞定上网本

"对于上网本来说，如果用户需要，我们的客户需要，微软一定会提供相应的版本。"

——张亚勤 2010 年 2 月 9 日接受《IT168 网》第一资讯频道采访

背景分析

上网本是一种以上网为主要诉求的超便携移动 PC，尺寸多在 10 寸以下，多用于在出差、旅游甚至公共交通上的移动上网。上网本的英文名为 "Netbook"，这个名词由加拿大 ATIC 公司于 1996 年 6 月提出，当时作为 "可上网" 的笔记本在北美市场销售。后来这个商标出售给加美（多伦多、加州）的一家笔记本电脑公司继续作为笔记本的商标。当时强调的是多功能、可直接上网、便携的网络型笔记本计算机。

简单而言，"上网本" 是一个功能不完全的笔记本电脑，"上网" 是核心应用，Wi-Fi 无线宽带是核心功能。中国国内 Wi-Fi 无线宽带的接入环境尚并不完善，如果周围没有 Wi-Fi 服务，"上网本"也无所作为，因此中国的上网本做了很大的改变。

作为上网之用的 Windows 操作系统，版本要求不会太高，所以微软较高版本的操作系统很可能不能应用在上网本上，但这是个比较新的市场，所以微软想要抓住，就必须提供相应的版本。

行动指南

产品有用户，有市场，当然要抓住。

星期二　比尔·盖茨的影响

"他半退休已经计划了 2 年了，2 年前已经宣布了，史蒂夫·鲍尔默是我们的 CEO，已经做 CEO 有 8 年的时间了，所以公司的整个领导力，这个架构，包括战略，都可以很顺利地向前开展。"

——张亚勤 2008 年 7 月 27 日接受《凤凰网》财经频道采访

背景分析

比尔·盖茨是一个具有划时代意义的天才，他用软件改变了世界，他曾连续垄断世界首富的位置长达 13 年之久。他所引领的视窗操作系统可以说是影响人类进程的伟大产品之一，看看今天在市场上热销的 PC，几乎必定装有微软的"视窗"操作系统，无论你喜不喜欢，在全世界，90%的 PC 用的是微软的"视窗"操作系统。

比尔·盖茨的精神已经深入微软，深入计算机世界。比尔·盖茨的成功不仅来自于其掌握的技术，同时来自于其对信息经济的理解，这甚至超过了他的技术知识。比尔·盖茨在创新方面的预见力及投身其中的态度非常关键，这推动了基于标准的计算机新一波生产力的发展。在促使计算机深入到人们日常生活这一方面，很难找到比比尔·盖茨的影响力更大的人。

尽管比尔·盖茨的影响力覆盖了几乎整个软件产业，但是比尔·盖茨的退休不会影响微软的正常运作，微软公司的架构已经完整，比尔·盖茨不在公司，公司的战略照样可以迅速实施。

行动指南

世界发展因天才出现而加速，不会因为天才离开而停滞。

星期三　中国不需要模仿

"我觉得中国很难去模仿另外一个国家的模式，可能也不需要去模仿。因为中国，我刚才讲过，有一流的人才，有巨大的内需市场，而且，现在在全球化大的背景下，有很多发展的机遇，特别是有巨大的制造业。"

——张亚勤 2008 年 7 月 27 日接受 《凤凰网》 财经频道采访

背景分析

自古以来，中国都是走着一条属于自己的道路，有着自己的特色，秉承和延续中华五千年的文明。在近代，中国曾走过一段向西方学习，向苏联老大哥学习的路子，但是都没有取得实质性的突破，随后中国找到了属于自己的，建设由中国特色的社会主义道路，一直走到现在，依然在稳步前行。

中国有着这么深厚的底蕴，这么扎实的基础，很难轻易去模仿某一个国家的模式，再说中国这么多年的积淀，也不需要去模仿哪一个国家。人口众多的优势，是中国丰富人才的来源，也是广阔的市场前景，更是中国未来希望的寄托。

行动指南

拥有自己的个性，走出自己的精彩。

星期四　事业观

　　"我从一个人自己做，到带领几个学生，到带领几十个人的团队，到带领几千人，每一步好像都很自然，中间并没有规划和设计。我的经验是，首先要做自己喜欢的事情；其次要有一批志同道合的朋友。"

　　　　——张亚勤 2007 年 10 月 16 日在海淀剧院的演讲

背景分析

　　张亚勤从进入微软（中国）研究院担任首席科学家，到如今身为微软亚太研发集团主席，在外人看来，这是一个惊天的转变，但是张亚勤却说每一步都很自然，其实这是因为之前夯实了基础，正所谓每一个成功的人的背后都有一些不为人知的艰苦努力，尽管张亚勤称这很自然，其实这只是我们所看到的一面，另外一面只有当事人自己才最清楚。

　　不过张亚勤还强调了一点，就是志同道合的朋友的重要性，在通向成功的路上，没有伙伴的协助，没有朋友的帮忙，凭借一己之力，很难成功走向目的地。三毛也曾说过："朋友这种关系，美在锦上添花，贵在雪中送炭。"

行动指南

　　事业很艰苦，朋友很重要。

星期五　和谐状态

　　"做人重要的是能达到一种和谐的状态——包括内心的和谐，也包括和外部世界的和谐。中国人的性格，像古代的铜钱，外圆内方。"

　　　　——张亚勤 2007 年 10 月 16 日在海淀剧院的演讲

背景分析

　　著名教育家黄炎培十分赞赏"外圆内方"这个成语，他在给儿子写的

座右铭中就有这样的话："和若春风，肃若秋霜，取象于钱，外圆内方。"黄老先生的话，实际上是对"外圆内方"的一个很好的解释。在他看来，"圆"就是要"和若春风"，对朋友、同事、左邻右舍，要敬重、诚实、平易近人，和气共事；"方"就是要"肃若秋霜"，做事要认真，坚持原则。"取象于钱"，则是以古代铜钱为形象比喻，启发人们要把"外圆"与"内方"有机统一。真可谓喻简意赅，发人深省。

从社会交往的能力和适应力的角度看，为人适当圆滑，是一种良好的社会交往能力的体现。他们往往对所处的环境和他人的感受有着极其敏锐的判断，会根据当时的处境说出在当时最该说的话，做出在当时最该做的事情。这种人通常在各个方面都适应得比较好，能够很快地投入到一个全新的人际环境当中。

方正为人，圆通济世。张亚勤把对职场的理解，用中国最传统的哲学来解释，圆和方的结合，才能是一个和谐。

行动指南

职场中就是要外圆内方。

JUL
7月
云端计算

7月
第一周

星期一　用技术素养看产业前景

> "我非常看好IT业在中国的发展，理由是：通过各类数据可以看到，中国的IT、PC、硬件、软件、通讯业均走在世界的前端。尤其在嵌入式系统、互联网服务、横向应用、软件咨询服务等方面都是有远大前景的。"
>
> ——张亚勤2006年6月12日接受《中国经济网》采访

背景分析

为了避免微软因冗大而丧失生机，张亚勤表示："目前微软采用的是五年一次的战略反思和转型。20世纪末的微软亚洲研究院战略、.NET战略到这几年的LIVE战略、移动战略，这四大整体战略让微软依然保持活力，后劲十足。"

在2004年，微软提出的LIVE战略其实就是.NET战略的延伸，正是通过这个战略实现了以搜索信息为中心，以人为中心，以服务为中心的微软理念。而这样的微软理念也更多地体现在由张亚勤牵头的移动战略中，他回忆说："2003年11月，史蒂夫·鲍尔默对我说：'想整合Windows Mobile和嵌入式的业务，并加大这方面的投入，你看有没有兴趣。'然后比尔·盖茨给我写了个E-mail也谈这件事，我觉得既有趣又富有挑战性，微软高层经过反复思忖后，决定把我调回总部负责移动战略了。"

伴随着移动战略的推行，他大胆预言，未来进入3G之后，移动通信将融入到互联网、PC中，成为全功能的应用平台。按照移动战略的设想，未来计算、通信和控制这3C的融合将让沟通变得统一，世界将变得简单，研究"控制"的市场潜力将会超过通讯和计算，"控制数据流将是今后的最大产业机会"，他还表示："在未来5到10年内，手机应该可以控制数据移动，这将是人与人关系的拓展，未来手机将是一个能做很多事情强大而开放的平台。这在欧美、日本已经看得很清楚了，这将完全改变信息交流方式。"

行动指南

别人看到的，我也已经早看见了，这样才能走在前面。

星期二 什么样的产品

"其实基础研究就像风险投资一样，风险与回报是成比例的。如果说我们做的每一个项目都成功了，这可能就说明我们所冒的风险还不够，也说明我们所起的作用或者说回报比较小。我们现在所做的课题，相对来讲，选得比较少，但每选一个课题，都会有很多很多的因素，很重要的一个因素是如果成功之后，到底怎么样去增加微软产品的竞争力？"

——张亚勤 2006 年 6 月 12 日接受 《中国经济网》 采访

背景分析

2006 年微软的操作系统 Vista 还尚未面世，而先前的操作系统 Windows XP 已经在市场上流行了 5 年之久。在每个课题的选择方面，微软都是会花费大量的人力、物力、财力。风险与回报成比例这个说法确实能够说明微软产品的竞争力。张亚勤说这段话的时候，正值微软的 Windows Vista 即将推出市场，而他没有料到的是 Vista 在进入市场之后的效果并不理想。冒着被人称作又一败笔的风险推出了很不被市场认可的操作系统，微软得到的回报确实很小。微软花费精力完成的操作系统 Vista 在面世之后并没能带来有利的竞争力和新的强劲的风，反而是陷入了 Vista 是败笔的沼泽之中。

他所强调的产品成功之后增加竞争力，但是尚未成功的产品连竞争力都没有的这一观点，在 Vista 一事上就能体现。

行动指南

开发的是风险，出来的是竞争力。

星期三 云从何而来

"云计算是被逼出来的。"
——张亚勤 2010 年 5 月 21 日在第二届中国云计算大会上的演讲

背景分析

有这么一个案例，一位动物学家在对生活在非洲奥兰治河两岸的动物进行考察时，发现一个奇怪的现象：生活在河东岸的羚羊与河西岸的羚羊相比，不仅繁殖能力强，而且奔跑的能力也强。这位动物学家百思不得其解。于是，他做了一项试验：从河的两岸各捉 10 只羚羊，彼此交换。一年后，送到西岸的羚羊繁殖到了 14 只，而送到东岸的羚羊仅剩下 3 只，其余的都成了狼的囊中物。

动物学家揭开了谜底：东岸的羚羊之所以强健，是因为它们附近生活着一群狼。它们为了活命，必须同狼进行"竞争"，因此，它们越活越有战斗力；而西岸的羚羊则相反，它们缺少天敌，没有生存能力，所以越活越弱小。

厦门大学的教授易中天评《三国》的时候，讲过一句话，叫做人都

是逼出来的。如今张亚勤把这句话做了引申，变成了云计算是逼出来的。

没错，云计算是被逼出来的，计算量越来越大，数据越来越多，越来越要动态，越来越要实时，越来越需要结构化，光有服务器，光有 PC 客户端已经不够了，所以一定要走向云计算，所以有了搜索，有了电子商务，有了信息的云，云计算是产业催生出来的。

行动指南

很多新事物都是有潜能的，而潜能往往是逼出来的。

星期四　云计算是什么

"云计算 =（数据软件 + 平台 + 基础设施）×服务"
——张亚勤 2010 年 5 月 21 日在第二届中国云计算大会上的演讲

背景分析

云计算有三个层次，首先要提供物理的资源，包括计算、存储、数据和网络。其次要提供平台，这个平台上可以开发新的应用，提供新的服务，有新的解决方案。就像 PC 上面有操作系统，这个平台是互联网里、云里面的操作系统。第三是软件作为一种服务，其实不仅仅是软件，也包括数据作为一种服务，信息作为一种服务，安全作为一种服务。张亚勤的公式就是，云计算 =（数据软件 + 平台 + 基础设施）×服务。

最简单的云计算技术在网络服务中已经随处可见，例如搜寻引擎、网络信箱等，使用者只要输入简单指令即能得到大量信息。未来如手机、GPS 等行动装置都可以透过云计算技术，发展出更多的应用服务。进一步的云计算不仅只做资料搜寻、分析的功能，未来如分析 DNA 结构、基因图谱定序、解析癌症细胞等，都可以透过这项技术轻易达成。

行动指南

云计算其实有理可循。

星期五　技术眼光

"我觉得云端运算应该分割成云（Cloud）和端（Client）等两个部分来看。由于网络发达，以后云会扮演更重要的角色，很多运算能力会放在网络上，像电子邮件、即时通讯（IM）等，微软其实很早就投入这块，几年前就推出.NET 概念。不过，像智能手机、电脑、电视、车载电子等电子终端装置，运算能力还是会同步并进，不可能把所有任务都交给云计算。微软是少数有能力整合两者的公司。"

——张亚勤 2008 年 7 月 29 日接受《新浪网》科技频道采访

背景分析

云计算是一种新兴的商业计算模型。它将计算任务分布在大量计算机构成的资源池上，使各种应用系统能够根据需要获取计算力、存储空间和各种软件服务。这种资源池称为"云"。"云"是一些可以自我维护和管理的虚拟计算资源，通常为一些大型服务器集群，包括计算服务器、存储服务器、宽带资源等。云计算将所有的计算资源集中起来，并由软件实现自动管理，无须人为参与。这使得应用提供者无须为繁琐的细节而烦恼，能够更加专注于自己的业务，有利于创新和降低成本。

之所以称为"云"，是因为它在某些方面具有现实中云的特征：云一般都较大；云的规模可以动态伸缩，边界是模糊的；云在空中飘忽不定，你无法也无须确定它的具体位置，但它确实存在于某处。张亚勤将"云端运算"分割为两部分，着重强调"云"的重要性，并声称微软在"云"和"端"这两方面都很有能力，算是对自己公司的信心的一种表现了。

行动指南

凭借技术背景，拓展行业前景。

星期一　草木皆剑

"从 PC 走向 PC+，任何有电的地方都是 PC。"

——张亚勤 2010 年 5 月 21 日在第二届中国云计算大会上的演讲

背景分析

从以 PC 为中心走向以互联网为中心，并不是说 PC 就不存在了，只是 PC 的定义、范畴改变了，加大了。PC 走向 PC+，不仅仅是你的桌面需要 计算，包括手机、汽车、电视、每个传感器，可以说任何有电的地方都是 PC，都有计算，任何要计算的地方都要智能，有智能的地方都可以联网，人和人相连，物和物相连，所以有互联网，有物联网。PC 不仅仅是计算，它也是通信，是控制，是娱乐。

物联网把我们的生活拟人化了，万物成了人的同类。在这个物物相连的 世界中，物品（商品）能够彼此进行"交流"，而无须人的干预。物联网利 用射频自动识别（RFID）技术，通过计算机互联网实现物品（商品）的自动 识别和信息的互联与共享。可以说，物联网描绘的是充满智能化的世界。在 物联网的世界里，物物相连，天罗地网。

行动指南

云计算将把我们带入物联网的世界。

星期二　要制造，更要创造

> "过去 30 年，中国产业经济的腾飞，中国制造是一个很重要的动力。但是在下面一个 30 年，还要继续这样双位数的 GDP 的发展，需要不同的模式，这个模式不仅仅是靠制造，也需要另外一个'智造'，就是中国创造。这并不是说中国制造业就应该消失，其实我觉得制造业还是一个民族的支柱，制造业应该加强，而且中国创造应该是中国制造的核心竞争力。比如说美国是世界最大的科技强国，也是全球最大的制造国，这两个其实并没有矛盾。"
>
> ——张亚勤 2009 年 9 月 19 日在 2009 财富 CEO 峰会上的演讲

背景分析

中国改革开放的 30 年，也是经济腾飞的 30 年，GDP 的发展速度确实今非昔比，但是这一切大多是由中国的制造业带来的，而真正由中国自己创造的却并不多，不过这个制造也已经为中国接下来的发展提供了重要的动力。

创新是一个民族进步的灵魂，创造是一个国家产业的核心。创新和创造才能增强竞争力，以便更好地树立大国和强国的地位。2009 年是金融危机后的第一年，复苏的迹象还不明显，但是这并不能阻挡中国前进的脚步。

行动指南

工程师的使命是要能够创造！

星期三　搞啥都不能过热

"中国很多地方都在大搞软件外包业务，它确实十分重要，但是并不是软件业的全部。中国企业要避免对外包业的过度依赖，应避免软件外包过热。"

——张亚勤2008年4月17日在第六届中国（成都）国际软件合作洽谈会上的演讲

背景分析

进入21世纪，"外包"这个词越来越广泛被人们所熟知。从事外包业务的大大小小企业全国各地有很多，可是真正达到一定规模、呈良性健康发展的公司却很少。这其中，软件外包也作为一种新兴行业，其知识密集程度和智力密集程度都很高，从而带来高附加值和高就业率，这些特点也使得软件外包行业成为一个高环保、低能耗、高效率的绿色行业，为社会带来积极的贡献。

软件外包很重要，但是也要有度，好比吃一粒安眠药可以安心入睡，但是如果吃10粒20粒甚至1瓶试试，那结果我们都可以想得到是什么样子。有句话叫做过犹不及，外包并不是软件的全部，不能一门心思只搞外包。

行动指南

过犹不及，软件外包也一样。

星期四　理解复杂问题

"看似高深的云计算理解起来并不难，其实就是把所有的计算应用和信息资源都用互联网连接起来，供个人和企业用户随时访问、分享、管理和使用——相关的应用和资源可以通过全球任何一个服务器和数据中心来获取。"

　　——张亚勤新浪博客《云计算三部曲之二：与"云"共舞——再谈云计算》一文

背景分析

　　在旁人看着是高深复杂的云计算，被张亚勤这么一解释，似乎并没有我们之前想象的那么难理解。很多时候问题都是这样的，越是难的问题，越是可以用简单的办法来解决，这就好比《天龙八部》中珍珑棋局的破解，表象上看似无人能解，众多高手也都束手无策，但是一个小和尚却用看似愚蠢，实则最简单的方法来解决了。

　　这也从一个侧面告诉我们，没有什么问题是高深到不能解决的，只是看我们在理解问题时所选择的角度和方法是什么样的，很多时候只要能够透过现象看本质，看清事物的原貌，那么这些问题也就不成问题了，也就迎刃而解了。

行动指南

　　学会把复杂问题简单化。

星期五　分析云计算成主流的原因

　　"云计算能够成为IT业创新实践的一大主流要归功于以下三个方面的因素。第一是计算、存储、通讯技术的快速发展；第二，用户的需求也一直在嬗变中；第三，新的商业模式的涌现，让众多的个人和企业用户看到了不同于以往的趋势和可能。"

　　——张亚勤新浪博客《云计算三部曲之二：与"云"共舞——再谈云计算》一文

背景分析

GPU 的多核进化及虚拟化技术的日趋完善，为信息系统的高性能和低功耗找到了重要的突破点；更大的互联网带宽则使得更多的计算资源和软件可以以服务的形式推送到客户端；海量存储、数据挖掘、人工智能等技术的不断发展也令数据更加结构化、更具语义关联，从而实现了从"数据"到"信息"再到"知识"的积淀和进化，并逐渐发展为互联网服务的"大脑"。正因为如此，原本看似不可企及的梦想，因为技术的成熟而成真。Web 2.0 缔造了挥洒创意、彰显个性的新时代，越来越多的用户愿意将自己创造的信息（如博客）和资源（如图片和视频）上传到"云"中，与相识或不相识的朋友们分享，并在任何时间、任何地点，采用 PC、手机及其他设备来管理"云"上的数据和应用。

无论对个人或企业用户而言，根据现实需要去获取时使用各种虚拟化的计算资源，无疑更经济也更简单。这便为有能力提供相应服务的云计算服务商制造了机遇。"服务化"将成为软件产业的一个趋势，现在看来，这个趋势无疑更加明显。软件不再只是封装（或预装）好的"商品"，还可以通过在线服务、随需租用或附带广告的免费版本等多种多样的形式来获取新的软件＋服务（S+S）。很多新的功能包括视频点播、信息搜索、在线地图，这些都是传统软件不易实现的功能，所以必须依赖"云层"之上的、规模庞大的计算和数据资源。

尽管已渐成主流，但直到今天，"云计算"一个概念、多种表述的状况并没有多大改观。每个企业和机构对"云计算"及其前景的解析都或多或少地结合了企业自身的业务方向和现实利益。

行动指南

结合自身实际看新潮事物。

7月
第三周

星期一　移动互联网的功效

"相对于桌面互联网，移动互联网有5倍、10倍的潜力。"

——张亚勤2010年5月21日在第二届中国云计算大会上的演讲

背景分析

　　移动互联网是一个全国性的、以宽带IP为技术核心的，可同时提供语音、传真、数据、图像、多媒体等高品质电信服务的新一代开放的电信基础网络，是国家信息化建设的重要组成部分。而移动互联网应用最早让人们接受的方式，则是从短消息服务开始的。

　　我们在思考：一个国家的创新能力，最终是这个国家所掌握的创新的技术在市场竞争中的表现。市场才是衡量创新价值的主要标准，而企业应是国家创新能力的主要体现者。推而广之，如果在7亿手机用户这样一个消费群体上建立一个平台，使之广泛应用到企业、商业和农村之中，是否会创造更惊天动地的奇迹？

　　有一个专门从事互联网的分析师，最近做了一个分析估计，他说"云"上面的互联网或者移动互联网，相对桌面互联网，发展的机遇或者市场规模是其两倍。张亚勤却说他个人认为他低估了这个潜力，应该是5倍、10倍都很有可能。

行动指南

放开胆子预测未来趋势。

星期二　产业趋势

"IT 产业分工模式正从垂直、水平走向矩阵式。"
　　——张亚勤 2010 年 5 月 21 日在第二届中国云计算大会上的演讲

背景分析

PC 业的游戏规则正在逐渐改变。过去，控制着产业上游的英特尔和微软等厂商绝对是 PC 业游戏的控制者。谁拥有基于英特尔芯片和微软操作系统的先发优势，谁就能在这个领域内称霸。而现在，这些并非是 PC 厂商们的唯一选择。他们越来越发现，即使自己推迟对上游技术升级的响应时间，也不一定会在市场竞争中处于劣势。这些传统的对市场产生拉动力的影响因素，其作用正在逐渐削弱，而另外一些新的因素正在扮演越来越重要的角色，比如设计思维、产品创新等。

看一下早期时候的大型机、小型机，那时候完全是垂直的，一个公司做硬件、芯片、软件，完全封闭式、垂直的，到了 PC 时代，变成横向水平式的，更精细的产业分工。到了云计算时代，或者"云"+"端"的时代，我们产业走向矩阵式，分工变得越来越专业、越细分，而且有更多的机遇。

行动指南

分工越来越细了，机会也才越来越多了。

星期三 "说三道四"

"我有一个原则，从来不评价我们的竞争对手。看一下微软在整个搜索方面的研究也好，产品也好，战略也好，我想我们有几个方面。首先，我们认为搜索不仅仅在网页上面，它在企业、桌面、手机、后台、数据库、数据中心都是一种集成的或者嵌入的能力。第二点，我们的搜索是朝着更个性化的，更智能化的，更多元化方面的方向发展。因为微软在 Windows、PC，在汽车平台，在电视平台，在手机平台都有搜索。所以我们结合不同的平台，进行搜索的算法，是整个搜索以更人性化的方式，个性化的方式，更智能化的方式呈现出来。"

——张亚勤 2006 年 12 月 19 日接受《中关村在线》采访

背景分析

主持人想了解微软和 Google 搜索在技术层面上的不同，但是张亚勤给的答案只是单方面讲述了微软在搜索方面做的努力和发展方向。张亚勤坚持不对对手进行品头论足的原则，这一点也斩断了微软和 Google 以及别的竞争对手产生冲突的源头，至少微软不会因为这个原因和对手产生矛盾。

2006 年 3 月，微软发布了全新的搜索引擎，并将其命名为 Windows Live 搜索，同时启用全新的域名 www.live.com。微软抛弃了已经颇具知名度的 MSN 品牌，而在搜索引擎前面冠以更为人们所熟知的 Windows，希望借此提升 Live 的名声。新的 Live 搜索是微软搜索引擎诞生以来的第三次变动。微软的搜索有着自己的方向，就是个性化、智能化和多元化，而且是对不同的各个平台进行整合的搜索，彰显人性化。

行动指南

不要对竞争对手品头论足。

星期四　学会如何创新

"由于过去 60 年中国的发展非常快，所以各个领域、各个行业都存在着浮躁的心态，这是成长中的烦恼。我们需要沉静自己的心，对未来的发展和战略做深入的思考并踏实地付诸实践，才能真正保证中国有一个更光明的未来。其次，要有开放的心态。现在强调自主创新是非常正确的方向，但自主创新是在全球化背景下的开放的、合作的创新，而不是自我封闭的创新。"

——张亚勤新浪博客《我对中国教育和科研的一点思索》一文

背景分析

现在我们在创新方面有两个极端化的现象。一个是"山寨文化"，只模仿，不创新，深圳的华强北这种现象很是普遍，甚至还搞出了名，这种现象我们暂且不讨论其好坏；另一种是什么创新都要自己从头做起，不善于利用世界上先进的科研成果。

这两种现象是应该避免的。创新，应当是有前提有准备的创新，而且要有创新的开放心态，而不是故步自封、自以为是的创新，而是要把自己深思熟虑的想法进行符合实际的来实施。之前"龙芯"接受 MIPS 技术授权引起一些争议，其实这是很正常很聪明的做法，现代科技正是"你中有我，我中有你"。有正确的理想和价值观，有好的体系和机制，加上长远的心态和开放的视野，中国科技实力一定会越来越强。在未来全球的竞争中，科技实力决定了国家的未来，获奖与否都是次要的。

行动指南

创新是要充足准备的，而不是盲目模仿或者无中生有的创新。

星期五　加强合作

　　"如果看一下微软过去的经验，很重要的是业务模式，建立了生态环境，合作伙伴，端除了游戏机之外，我们没有做任何硬件，我们的优势在软件的平台、手机的平台、PC 的平台、汽车的平台、嵌入式平台，把平台变成产品，服务用户有各种各样的合作伙伴，所以这个模式会改变，所以说产业越大，我们的合作伙伴越多，我们所提供的优势会越强。"

　　　　——张亚勤 2009 年 6 月 22 日接受《腾讯网》科技频道采访

背景分析

　　微软的关键资源能力一直都是软件和平台，在云计算越来越火热的时候，微软选择了跟随趋势，利用其关键资源能力做事、发挥所长。云计算其实应该理解为云端计算，有云有端，才是一个有效的组合，才是一个完美的机构。当然，随着云计算的不断深入，微软在平台上的优势将会越发明显，各种平台将会续写微软在软件业的辉煌。

　　张亚勤说在端方面，微软除了游戏机之外，没有做过任何硬件，当时说这句话是没有什么问题的，但是随后微软推出了 Pink 手机，进军移动领域，这算是微软在游戏机之后推出的又一端。不过业界对他的观点也有不同意见者，比如移动互联网领域的先行者，著名的 IT 评论员笨狸先生却认为，其实微软的 Xbox 和 Pink 根本不能算是云端之中的端。

　　没有端的云，只是浮云，起不了任何作用，是无本之木，无源之水。微软的平台结合了自己的用户，合作伙伴的用户，因此其优势将会越来越强。

行动指南

　　加强合作优势一起迎接云计算时代。

7月
第四周

星期一　承认差距，加大投入，促进发展

"如果看一下互联网服务技术方面，我们有很多方面的投入，在搜索、广告的平台，这方面确实是一个重点。但是我希望给大家一个比较均衡的信息。我们在中国的发展是多方面的。在搜索方面，我觉得本身也是相对比较广义的。微软做搜索有很多年的历史。在网页搜索方面，微软处于下风。与 Google 相比有一定的差距。但是搜索本身是一个能力。"

——张亚勤 2006 年 12 月 19 日接受《中关村在线》采访

背景分析

微软涉及面非常广，在各个领域都有花大力气去投入。很多时候尽管微软的很多领域做得不是很好，如 Windows Live Search 和 Google 相比，在网页搜索方面，微软是没有优势可言的。这也跟微软的主营业务有关，搜索不是微软的主营业务，但是微软依然在加大投入。微软前瞻性地看到搜索和广告平台这方面将会成为一个重点。因为在 Google 进驻中国，李开复从微软走出来担任 Google 大中华区的 CEO 时，微软便加大了搜索方面投入的力度，同 Google 呈现出一种对峙的态势，拼命抢夺中国这块市场。

抛开搜索而言，微软在其他领域不再处于下风，而是有了话语权。微

软在中国这块市场不只是搞搜索领域，而是多方面的，如操作系统，办公软件、外设等。

行动指南

差距是有的，但是不需要惧怕，努力就能缩短差距甚至实现超越。

星期二　宏伟目标

"黄金的发展阶段我认为会很长，我们的定位是把'微软（中国）'做成'中国微软'，从文化方面、技术方面，定位成一个中国的公司，中国的公司并不是只做中国的事，要做中国方面的管理，我们研发的产品越来越全球化，所以在全球范围内我们说是'中国智造，惠及全球'。"

——张亚勤 2008 年 6 月 20 日接受《腾讯网》科技频道采访

背景分析

比尔·盖茨常常对员工说："我们要始终有这样一个假设：微软将在一年半后就倒闭了，那我们现在该怎么办？那我们要努力做好每一件事，我们要节省每一项开支"正是因为有了这个理念，所们每个人工作都很努力，积极开发新产品，绝不沉溺于鲜花和掌声中，因此在危机中也能从容应对。

2008 年算是此次危机爆发元年，张亚勤却把此时定位成黄金阶段，可以说是不惧危机，积极乐观的一种表现。这一年全球股市哀鸿遍野，雷曼关门，花旗先股，一曲"问君能有几多愁，恰似股民买了中石油"。这一年给中国，给世界留下了太多的回忆。就在这一年微软计划收购雅虎，尽管最终被拒绝，但是这仍然是微软在金融海啸中的一剂强心针，让人们看到微软的强大。

把微软（中国）做成中国微软，是微软在中国的全新定位。张亚勤曾表示，微软（中国）已经不是一个分公司的概念，而是第二总部。"可以说是我们在美国的一个小的版本，它有技术研究、有技术孵化，有产品开发，有市场、有销售、有投资、有外包，是整体的一个企业，一个合作，不仅仅是一个外企的分支机构。"

行动指南

要有宏伟的目标作为行动指南。

星期三　新时代，云计算

"定义互联网3.0，云计算是神经中枢。"
——张亚勤2010年5月21日在第二届中国云计算大会上的演讲

背景分析

云计算是整个IT产业发展的趋势，它也是新一代互联网、物联网和移动互联的引擎和神经中枢。其实物联网就是互联网新的应用，或者说是互联网新的发展阶段。互联网的发展从早期的1.0、2.0，现在进入3.0，没有一个清晰的定义。

张亚勤个人定义互联网3.0有三个方面，有三个新的特征：一是虚拟和真实世界的融合，过去主要是虚拟的，现在要把物理的世界融合进来，其实就是物联网。二是越来越移动化，要移动互联。三是需要一个引擎和中枢神经，就是云计算作为一个平台。这都是很自然的发展阶段。特别是物联网发展需要很多的时间，看到有些公司一上市说是物联网公司，马上就涨停，可能稍微快了一点，这是很重要的一个产业，但是需要过程、时间和耐心。

行动指南

互联网产业的未来在"云"里。

星期四 强调根本

"信息技术和产业正在向'云－端'计算时代发展，但'云'和
'端'并非是相互割裂、彼此取代的关系，而势必会走向共存与互
动。"

——张亚勤博客《云计算三部曲之三：云端的精彩——让信息在指尖
流动》一文

背景分析

根据业界多方预测，2010 年将是云计算正式腾飞之年。各种规模的企
业都将意识到将应用软件迁移到云上所带来的价值，所节省的空间和管理
上的优势。尽管在很多人眼中，云计算还是一项有待成熟的技术，但行业
观察家和专家们都预测称 2010 年将是云计算之年。

"也许我们起名叫'云计算'本身就是一个失误，因为这名字很容易
让人感觉有趣和不安全。但事实上，网络中充满了威胁和险恶，如果我们
当初把它叫做'沼泽计算'或许更能够让人们对它有一个正确的认识。"
在不久前举行的 RSA2010 安全大会上，著名的信息安全专家 Ronald L.
Rivest 甚至如此半开玩笑地说，而对云计算安全问题表示担忧的不在少数。

哲学上有讲说，事物是普遍联系的，事物之间存在着直接或间接的联
系。在云计算如此风靡的时期，在所有人都一个劲地强调"云"的时候，
张亚勤强调的却是"云"和"端"，相互联系不可分割，一味强调"云"
是不着边际，虚无缥缈的，没有"端"的存在，"云"只会是无根之木，
无源之水。

行动指南

云不是一台计算机，是可以无限增加的计算能力。

星期五　破釜沉舟

"微软未来的发展全部押注在云计算上面。"
——张亚勤2010年5月21日在第二届中国云计算大会上的演讲

背景分析

微软在过去5年中建了很多的数据中心，第一代完全是服务器架构，第二代是以机架式的架构，随后的相对比较新的集装箱架构，如今又走向超模块化新的架构。超模块化，低的可以一个服务器，高的可以上万个服务器，每个有完全独立的服务和设施，还有存储，有计算，有机械部分，有提供电的，有提供网络通信的，整个冷却完全通过空气，不需要机械冷却或者水的冷却。

张亚勤表示在过去5年中，逐渐把资源倾斜到云计算，现在40%～50%的研发都是在云计算。在未来5年中，微软会把全球80%的资源都放到云计算。微软在全球差不多有10万人，有5万人在做研发，也就是说这5万人里面的4万人都会从事云计算方面的研究、开发和产品工作，可以说微软未来的发展全部押注在云计算上面。

行动指南

面对机遇和挑战，要敢于背水一战。

AUG
8月
华丽转身

星期一　再谈领导力

　　"我是在20多年前，赴美留学之前读过《孙子兵法》。20世纪90年代初，在哈佛商学院学习时我也曾引用它的核心思想作为参考和指导。今年夏天休假期间，我又认真地重读了这部成书于2600年前的韬略经典，我想我更多地领悟了它的精髓，并感觉可适用到研发集团的战略思考和我们资深管理团队领导力的拓展上。"

　　——张亚勤2009年1月在微软（中国）研发集团领导力拓展峰会上的发言

背景分析

　　领导力可以被形容为一系列行为的组合，而这些行为将会激励人们跟随领导，这个跟随不是简单的服从。根据领导力的定义，我们会看到它存在于我们周围，在管理层，在课堂，在球场，在政府，在军队，在上市跨国公司，在小公司直到一个小家庭，我们可以在各个层次、各个领域看到领导力，它是我们做好每一件事的核心。一个头衔或职务不能自动创造一个领导。此时的张亚勤已经不再只是一个首席科学家，而是坐在了一个领导者的位置上面，他要关心的也不再只是产品的研究与开发，而是要管好整个团队和团队成员的情况。

　　20多年前读《孙子兵法》也许还不会有如今这种更加深刻的体会，因为那时候的张亚勤还是一个只身赴美读书的学生，没有实际的领导经历

和经验。如今再读，自己已经转身为一个管理者，而且是微软公司的高层管理者。不同时期读《孙子兵法》都会有不同的收获。《孙子兵法》这本书虽是数千年前的著作，对现今的社会依然有着很强的指导意义，不只是在战场，还包括商场、职场。

行动指南

读好《孙子兵法》，当好的领导者。

星期二　是团队让我当好管理者

"目前我对我在微软的工作感到满意，而这得益于微软（中国）有一支富于经验的管理团队支持我的工作。多年来，我内心对自我的期望始终没有改变过，就是尽一己之长，对产业、对社会、对人们的生活，做出正面的、积极的影响。"

——张亚勤2007年12月21日接受《北京青年报》的采访

背景分析

张亚勤作为一个职业经理人，需要做的事情不再是以前当首席科学家那么单一地去搞研究了，而是要转换角色，成为一个管理者，像一个将军那样去带领一支部队，运筹帷幄决胜千里。当科学家可以自己一个人埋头搞研究，可以不顾别人此时在做什么想什么。但是职业经理人作为一个管理者就不同，需要考虑的事情很多，需要有全局的思想和意识，需要考虑每个团队成员的感受，如何把团队更好地凝聚在一起，更加有效率。

管理者和团队成员相互尊重，相互影响，生产效率就是管理职能的业绩，张亚勤把微软的这支团队，搞得有声有色，就是最好的证明，而且整个2007年微软运行都很平稳，没有太大的起伏，成绩还算优秀。但张亚勤给自己打分这一问题上，只说感到满意，并没有具体的分数来判断。

行动指南

管理者和团队相互影响，相互作用。

星期三　从比尔·盖茨身上学习如何管理团队

"微软内部推行'导师制'，比尔·盖茨就是我的导师之一。我从他那儿学到太多的东西，每次我带着很多问题走进他的办公室，但他都会用最简单的语言很快地抽象出来问题的实质，这让我很快就能找到问题的解决方向。我也正是这样来带领我的团队，听取并尊重每个人的信仰和意见，简化思想，鼓励他们对技术探索的执著以及对业务创新的专注，并和他们一起努力工作、享受生活。"

——张亚勤 2007 年 12 月 21 日接受《北京青年报》采访

背景分析

2007 年比尔·盖茨再次被福布斯评选为全球首富，这是他第 13 次蝉联世界首富。比尔·盖茨是一个非常优秀的企业家，先撇开世界首富的身份不谈，谈他开创的微软。微软很大程度上改变了人类生活的方式。微软取得巨大的成功，跟比尔·盖茨的智慧和管理才能是分不开的。

孔子云："三人行，必有我师焉。"微软内部的导师制，对企业、对个人都起到了很好的帮助和发展。张亚勤能够有比尔·盖茨这样的导师作指导，向比尔·盖茨这样顶尖的人学习，收获是巨大的，对其归国发展是有好的影响的，所谓师夷长技以自强，同时对中国的科技发展也是有利的。张亚勤把从比尔·盖茨身上学到的，都尽数发挥出来带领微软（中国）团队的发展，业务的创新，技术的探索。

行动指南

学习优秀领导人身上的优点，获益匪浅。

星期四　好好处理这些问题

"最近我与总部沟通很多，不管是电话，还是 E—mail，我把总部很多人叫来中国，让他们来了解一下中国的实际状况。"

——张亚勤 2008 年 11 月 14 日接受《新浪网》采访

背景分析

从 2008 年 10 月 21 日起，微软在中国正式启动 Windows XP 和 Office 正版增值计划，盗版用户选择自动更新后，电脑将每隔 60 分钟黑屏一次，并会收到盗版提醒信息。微软这一做法并没有得到大多数网民的理解和支持，反而遭来一片反对声。其中，最强烈的质疑之声认为，微软的"黑屏"计划是一种黑客行为，有侵害用户个人隐私之嫌。

也有人认为，微软这一计划是先鼓励盗版再收网敛财。如果这种问题一直延续下去得不到解决，那么带来的影响会是巨大的。有句话叫做：防民之口甚于防川。网民对微软这一计划的各种误解，是需要及时反馈的，在这一点上张亚勤做得很好，还把总部的人叫到中国来，让他们实际感受一下这种氛围。

后来，微软（中国）客户端产品商业市场总监林聪悟专程赶赴全国各地，为"黑屏"事件扑火。他向媒体表示，用户只要能证明自己误买了盗版微软软件，可以免费更换一套正版。这一举措总算是为"黑屏"事件做出了一个比较能够令人满意的处理。

行动指南

维权应有度，有问题更应及时处理。

星期五　回来当"二哥"

"回到中国之后管理方面是更加的复杂了。我们所做的工作不仅仅是 Research，也包括一开始建立这么大一个团队，包括要和政府的沟通，和媒体的沟通，和产品部门的沟通，和兄弟单位的沟通，所以说我学了很多东西。另外在美国我是那儿的 No.1，我那个机构要做什么事情是我说了算。回国之后我是李开复的助手，我是帮助李开复的No.2，李开复走之后又变成决策者，Decision Maker。这个角色的改变本身也是很好的经历。因为一个人一辈子大部分的时间不会是 No.1，不会是最后做决定的。你是在帮助你跟前的人，帮助你的同事，帮助你的老板，大部分时间你不是在做主角。要做好主角一定要做好配角，而且做好配角往往比做好一个主角还要难。"

——张亚勤 2002 年 11 月 1 日接受《世界经理人》网络采访

背景分析

在 Sarnoff 公司，张亚勤管理一个部门；在微软，张亚勤管理一个研究院。职位越大，身上的担子和责任就越大。张亚勤回到中国之后，不仅要做技术，还要搞管理，管理一个团队，对团队负责。回国后的张亚勤比在美国要更加繁忙了，但这些繁忙都是值得的，繁忙都是在为今后的事业打基础。张亚勤先做的是李开复的助手，在李开复离开之后接任其位置，作为一个技术出身的张亚勤在管理上经历了来自各方面的不同的挑战。这一系列的经历让张亚勤学会了如何配合他人，如何凝聚一个团队，使其产生向心力。如果没有最初当李开复助手的一系列的经验，也不会有之后的亚

洲研发集团主席的张亚勤。管理者和技术人员的最大区别就是，技术人员可以自己一个人一心搞研究，而管理者需要整合多方资源，使之实现最优化配置。

行动指南

当什么"官儿"不要紧，要紧的是为企业做了什么。

星期一　母爱伟大

"曾记得小时候，母亲常对我说，孩子总是会离妈妈越来越远的，这是自然界的规律。孩子刚出生时被母亲抱在怀中，慢慢挣脱怀抱学步，最后远离母亲求学在千里之外。但是在母亲放飞我的梦想，让我学会独立和成长的同时，我的心却从来没有远离过母亲。"

——张亚勤新浪博客《我的中国心与美国情》一文

背景分析

"慈母手中线，游子身上衣，临行密密缝，意恐迟迟归，谁言寸草心，报得三春晖。"孟郊的这首诗写出了母子相依为命的骨肉亲情，儿女如青青小草，母亲则如同春日阳光。张亚勤很小的时候父亲就去世了，在他的亲情记忆里面，母亲的关怀是影响他最深远的。是母亲让他不要在年幼时就频繁出现在媒体面前，遇到媒体尽量躲避，而是专心学习，避免带来诸

多不必要的麻烦。

如今这种亲情又和他的爱国之情紧密联系在一起，因为他多年留洋求学，并且在全球最好的 IT 技术公司工作，还需要在两国之间来回穿梭，担当两国交流的纽带。伴随着两国关系的进一步发展和深入，张亚勤也越来越感觉到自己对祖国的热爱。

行动指南

工程师也有自己的亲情和爱国情。

星期二　中国智造

"这个问题相当好，如果看 Windows 7 开发过程，其实证明了我们在中国所研发的技术一方面是服务于全球，另一方面也针对中国用户需求和市场做了很多的工作。在微软（中国）研发集团我们有一个理念，中国智造，惠及全球。在 Windows 7 许多关键的功能都是由中国的研发团队研发的，我们有三千多中国的研发人员，也是在美国之外最大的基地，在 Windows 7 里面有一些全球功能，也有一些专门为中国用户定制的。"

——张亚勤 2009 年 9 月 10 日接受《腾讯网》财经频道采访

背景分析

在最近一两年互联网和业界的变化中，我们能够明显地看到很多全球性的产品开始本地化和个性化的变化，Windows 7 就是其中之一。在 Windows 里添加了一些当地的应用，当地的壁纸，为当地提供的功能定制。本地化与特色化一直是困扰跨国企业的一大难题，一味坚持自己的特色很难保证自己能在当地良好发展；一味本地化又很可能丧失自己的个性。因此微软在开发新一代操作系统 Windows 7 的时候，既结合了中国用户的需求和市场，又面向了全世界。

Windows 7 里面有很多专门为中国准备的功能，比如说在 Windows 7 里面支持中国 3G 的 TD 制式，支持中国的高清晰电视格式，还有支持 USB 金融和银行的应用，这些东西在国外都没有，专门针对中国的一些行业。微软亚洲研发团队在中国有着三千多名研发人员，除本部之外是最大的基地，团队一直坚持贯彻"中国智造，惠及全球"的理念，在 Windows 7 的开发当中是充分体现了出来。

行动指南

自主创新要落到实处。

星期三　两种创新

"我们创新模式有许多种，一种是大规模、大团队、平台式的创新，另外一种创新是草根式的创新，是应用的，而且与合作伙伴共同创新，这两种模式都会共存，我们面对消费者、面对娱乐、面对互联网的时候用许多草根式的创新，更加快速、更加敏捷、更加快周期的创新，在平台上我们还有大规模的组织计划，这两点都很重要。"

——张亚勤 2009 年 9 月 10 日接受《腾讯网》财经频道采访

背景分析

腾讯财经的记者问张亚勤："现在的环境下，一个很小的地方能做出巨大的创新影响一大片，对微软来说现在最大的挑战是面对这种无处不在的草根？其他挑战是什么？"张亚勤从微软本身在做的事情出发，回答了记者的这个问题。当年微软创始之初，仅仅只有 3 人，微软又何尝不是用的一种草根创新的模式。如今微软已经发展成为一个庞大的企业，一个庞大企业的创新从何而来，怎么去发展创新等问题摆在了它面前。那么微软又是如何开展它的创新的呢？微软采用平台式创新和共同式的创新，将无数草根发展成自己的伙伴，纳入自己的创新中。这种将竞争对手变成战略伙伴的方式，让微软的创新层出不穷，长期保持旺盛的活力。

草根式的创新具有快速的特点，而大规模大平台的创新则是规模效应的一种体现。微软将两者有效地结合起来，让微软这台蒸汽机快速地运行在 IT 产业的轨道上。

行动指南

草根式创新，大公司同样可以用。

星期四　正确看待外包

"技术授权的费用很低，按照国际惯例，我们在英国和别的地方授权费用很高，在中国我们只是象征性地收一点钱，鼓励大家授权，微软还是主要靠自己做产品销售出去，不是靠授权来发展的。外包不包括我们的研发项目，我们自己研发的 2 亿元完全是自己的。外包的项目是微软给中国企业的，去年我们做了 5 000 万元，明年将会更多，现在有将近 20 多家公司是微软的外包合作伙伴。我希望下一步他们不仅仅可以做微软的项目，还可以和我们一起开发市场。因为做外包如果只停留在为微软的项目做编程，这样时间长了之后对自主创新的能力会有很大影响。"

——张亚勤 2007 年 6 月 15 日接受《中国电子报》采访

背景分析

金融危机发生以来，中国软件外包企业经历了外部市场衰退和一次人民币升值的市场考验，当欧美贸易保护主义再度抬头时，不少在金融危机中幸存的企业将重新面临严峻挑战。

为减少贸易壁垒的负面影响，软件外包业亟须做大做强，塑造全球竞

争力。虽然美国财政部在 2010 年 7 月代表奥巴马政府发布的一项报告中没有将中国列为汇率操纵国但是可以预计人民币升值所面临的各种压力将越来越大。由于成本按人民币计价而收入按美元等外币计价，目前 3 000 多家国内软件外包企业面临较大的盈利压力。

软件外包如果依旧停留在一个简单的项目编程的程度上，那么软件外包将很难取得长足的发展，甚至会因为经济危机的影响而陷入泥潭，因为如今很多外包企业已经很难盈利了，如果再不选择自主创新这条路，那么别的路将很难走通了。

行动指南

打开新思路，找到新出路。

星期五　凡事皆有因果

"没有开发者，就没有应用；没有服务，就没有软件，就没有软件产业，就没有微软。"

——张亚勤 2010 年 4 月 12 日接受《中关村在线》采访

背景分析

软件开发的目的在于应用，应用是开发者开发软件的动力。没有服务，就没有软件，就没有软件产业，就没有微软，这是一个连锁的效应。这三个"就没有"，充分说明了服务的关键作用。微软起家的时候就是作为一个软件开发者，服务于广大的用户，可以说软件开发和服务是微软发家致富的根本。

事物的联系具有普遍性。任何事物内部的各个部分、要素是相互联系的；任何事物都与周围的其他事物相互联系着：整个世界是一个相互联系的统一整体。

行动指南

认识和把握事物的真实联系，根据事物的固有联系改变事物的状态，建立新的具体的联系。

8月
第三周

星期一 专家不专

"前几天遇到一位号称国内'著名'互联网社区专家，一聊才发现他从来没有用过QQ, MSN, Myspace, Facebook, Twitter, Xiaonei, 新浪微博，但讲起来头头是道。我觉得不管是从事互联网技术，业务，研究，政策，首先要自己是用户。"

——张亚勤新浪微博

背景分析

作为一位从事互联网社区的专家，连最起码的几个社区都没有进去尝试过，连即时通信工具都没有用过，这完全就和纸上谈兵的赵括一模一样，最终的结果也只是空谈。没有实战经验的将军是不可能把部队带到一个有利的位置，更不可能在战场上指挥一场战役的胜利的。

互联网社区就是给用户一种体验，没有真正进去成为用户尝试的人，是不会有真的体验的，更不可能成为这个领域的专家。想要在一个领域成为专家，只有空洞的理论是不够的，在这个领域浅尝辄止也是不够的，必

须深入其中，有足够的研究，足够的真实体验才能在这个领域有所建树。实践出真知，实践是检验真理的唯一标准。

行动指南

专家要重视实践。

星期二　英雄惜英雄

"百度和腾讯是很好的创新企业，是国内 IT 业界的创新楷模。"
——张亚勤 2005 年 11 月 21 日接受《深圳特区报》采访

背景分析

2005 年 11 月 21 日张亚勤、李彦宏、马化腾聚首深圳，出席一次峰会。当时微软、百度、腾讯三大企业在中国业务竞争进入白热化，并出现相互渗透竞争：如微软的 MSN 在中国市场咄咄逼人，与雅虎通提出互联互通危及腾讯 QQ 江山；微软进军搜索引擎直接与百度竞争；百度打出"贴吧"社区概念，而腾讯打出搜索引擎牌，两企业业务相互渗透。

面对难得一遇的竞争对手同台演讲，台下提问者也不顾三方情面，直接提问如何看待相互竞争的关系。张亚勤说，除了竞争，还有更多是合作，不能用"仇人相见"来直接解释 MSN 与 QQ 的竞争关系。马化腾则表示："竞争能促进企业的发展，所以腾讯希望有更多业界竞争，只有不断竞争，才会有不断进步。"他说，腾讯 QQ 从 MSN 中学习到很多东西，获益良多，这些竞争也直接使用户获益，诞生出新的服务模式。

微软的操作系统、百度的搜索引擎、腾讯的即时通讯，均是全球资本和证券市场热捧的投资热点。此次峰会围绕企业创新和企业成长，三家企业找到了化解竞争尴尬的契合点，那就是三个企业均通过不断创新，成为各自市场热点的领军型企业。

行动指南

好的对手亦是学习的楷模。

星期三 对抗盗版

"盗版软件里被植入了很多病毒、木马，大家已经开始意识到这个问题，在 Windows 7 里面也会加入更多的技术，使得盗版越来越难，但是更重要的是让人更多地感觉到正版的优势，在国内已经有越来越多的企业在使用正版，整体的环境正在改善，但是盗版情况也存在，这需要一定的过程，我们也有耐心，通过技术，通过教育来改善盗版的环境和情况。"

——张亚勤 2009 年 4 月 18 日接受《网易网》科技频道专访

背景分析

Windows 7 上市几个月之后，其最低 399 元的售价给不少中国电脑用户带来了一份惊喜，盗版商人也从 Windows 7 身上找到了新的财富。尽管微软高管包括张亚勤在内多次强调 Windows 7 的反盗版系统经历了 Vista 的磨炼，不会再重蹈 Windows XP 的覆辙，在内嵌反盗版技术（Windows 激活技术）和 WGA 正版验证程序的配合下，Windows 7 反盗版技术"牢不可破"，但市面上盗版 Windows 7 光盘却越卖越红火，5 元的盗版 Windows 7 都已经在冲击微软的反盗版技术。

盗版现象的猖獗让微软有心无力，面对如此繁多的盗版，微软搞死一个番茄花园之后，又冒出很多和番茄花园类似的盗版企业，真的是野火烧不尽，春风吹又生。这些是很难用法律手段来斩尽杀绝的，这需要一定的过程。从保护用户的角度出发，盗版软件的含毒率让微软在正版抢夺市场时有了话语权。当然这些都只是暂时的，随着破解的技术越来越先进，微

软在这方面将是越来越举步维艰。因此也只有像张亚勤说的通过教育来慢慢改善盗版环境了。

行动指南

阻止盗版，要从技术、教育、法律多方面入手。

星期四　决策者的素质

"作为企业决策者，一定要有一种韧劲，对产业的发展要有长远的眼光，根据变化做出应对，同时在逆境中保持信心，在辉煌时不要浮躁。"

——张亚勤 2008 年 9 月 12 日接受《第一财经日报》专访

背景分析

郑板桥有一首诗写道："咬定青山不放松，立根原在破岩中。千磨万击还坚劲，任尔东西南北风。"这是对企业发展中坚韧这一性格的最好写照，以石缝中的竹子来比喻一个坚忍不拔的企业应该还算恰当。

长远的眼光更是一个企业发展所需要的，没有这种战略眼光企业很难找准前进的方向，很容易在海上迷失。市场瞬息万变，根据实时的变化做出应对，是企业面对风险时必需的一项能力，如果没有，那么很可能将企业毁于一旦。

正所谓，胜不骄，败不馁，不止要有随机应变的能力，在面对危机面对逆境时，更需要保持十足的信心，以保证企业不被一时的逆境拖垮；当然取得一点成绩的时候，也必须克服焦躁的情绪，也只有这样才能使企业长期立于不败的地位。

行动指南

做一个有素质的企业决策者。

星期五　防盗版是个哲学问题

"能不能用技术完全防止盗版，这是一个哲学的问题。因为 Vista 的安全性再好，防盗版的技术再好，也是人发明的。技术本身就是道高一尺，魔高一丈。我觉得中国在防盗版方面已经取得了很大的进步。过去五年、十年，特别是最近一年，各个方面环境有了很大的改变。第二个就是微软会更加积极、正面地、有建设性地和企业、用户进行合作。这里，最重要的是，把正版的价值更好地体现出来。比如，使用正版系统会更加安全。"

——张亚勤 2006 年 12 月 19 日接受《中关村在线》采访

背景分析

在接受网友关于如何杜绝盗版的问题时，张亚勤做了上面的回答。其实 Vista 的安全性在很多方面都做了加强，比如 Windows Defender、Windows Service Hardening 、Network Access Protection、防恶意软件，防间谍软件等，这些都将通过正版软件的方式，有些通过服务的方式不断提供给正版用户。如果盗版的话，肯定就享受不到这样的服务。不过正版的价值更多地还是会通过时间体现出来。

防盗版仅仅从技术上是不够的，正如张亚勤所说的那样，技术是人发明的，技术本身就是道高一尺，魔高一丈。光靠技术是不行的，和企业合作可以算是有效杜绝盗版宣传正版的一个途径，但正版和盗版的战争将会在一定时期内一直存在，这对微软来说是个巨大的挑战。其实在张亚勤回答问题的时候，Vista 就已经被黑客破解了。

行动指南

把防治盗版上升到一个哲学的高度来对待。

星期一 十年如一日

"微软（中国）CEO主要负责的是业务、销售和市场。每个人兴趣不一样，我自己还是希望做一些全球化的、创新型的工作，我并不想局限在一个区域性的销售上。"

——张亚勤2010年5月25日接受《外滩画报》采访

背景分析

当记者问张亚勤为何能在很多人离开之后，他依然坚持在微软，是不是和比尔·盖茨有私交的时候，他作出以上回答。微软（中国）的CEO已经换了数届了，杜家滨、吴士宏、高群耀、唐骏、陈永正，如今的梁念坚，就连微软总部曾经的CEO比尔·盖茨都退休了。进入微软之后这十多年张亚勤还一直在做，而且越做越好。

有些人在长期从事一种工作下，会觉得自己的工作很枯燥，甚至变得可憎。但对张亚勤来说，微软的工作自然不是可憎的工作，而是微软比较核心的部分。曾有人说：公共的利益，人类的福利，可以使可憎的工作变为可贵，只有开明人士才能知道克服困难所需要的热忱。张亚勤就一直怀

抱着这样的热忱，张亚勤做的是研发，这是一个全球化的，讲求创新的工作，并且张亚勤还肩负着把微软亚太集团做大做强的重任，张亚勤的兴趣就在这里，这应该就是支撑张亚勤能够一直在微软工作的原因吧。

行动指南

　　十年磨一剑。

星期二　在中国微软不算垄断

　　"由于微软大部分以非正版方式存在，正版产品市场份额很小，因此微软在中国构成垄断的前提不存在。"

　　　　　　——张亚勤 2008 年 8 月 26 日接受 《第一财经日报》 采访

背景分析

　　在这一年微软再次遭遇 《反垄断法》，美国和欧盟都对其进行了垄断嫌疑的再次审判，这让微软很受打击。至于太平洋对岸的中国，是否受到微软垄断的侵袭，这一点上张亚勤针对中国国内软件产业的现状作出回应。

　　对微软而言，中国盗版带来的数十亿美元损失，比通过并购在中国扩张获得的利润更大，除了日本和澳大利亚的份额，微软在亚洲的销售额只占总销售额的 3%。旧金山 Caris 公司的分析师阿加沃尔预计，在中国有高达 95% 的微软 Office 软件和 80% 的视窗操作系统都是盗版的。

　　事实也就是中国目前的盗版产业很是红火，在中国存在着最大的盗版市场，而盗版问题一直以来也未能彻底解决，想到的解决方法多种多样，但似乎盗版有着超强的抵抗能力，故而在一次一次打击之后又能随即卷土重来。中国各地都在打击盗版，但投入的力度与收效不成正比。加上软件的盗版业存在高额的利润空间，平均约为 400% 左右，致使盗版现象持续猖獗。可以这样来计算：一张国产 Office 正版软件价格在千元左右，而制

做一张盗版 Office 软件仅卖到 10 元左右，而其成本仅为 1 元，而现在的盗版软件都是集合似的，也就是说在一张盗版盘里可以收录达到十种甚至几十种软件，这种高额的利润空间，足以让人冒险涉足。面对中国的盗版产业，微软也只能说，这个国家我们还真的没法垄断。

行动指南

想垄断中国软件行业，需要不断努力才行。

星期三　微软（中国）的实力

"中国本土员工已证明了自己的能力，微软总部对微软（中国）的发展也越来越重视。"

——张亚勤 2010 年 4 月 8 日接受《电脑知识网》的采访

背景分析

1998 年张亚勤就和时任微软亚洲研究院院长李开复一起，向董事长比尔·盖茨及 CEO 史蒂夫·鲍尔默提议过要在清华大学附近建设一栋研发大楼的设想，但未被批准。后来随着中国经济的发展，中国在国际市场中的地位日趋凸显和李开复、张亚勤的不懈努力，盖茨和鲍尔默最后一致同意在中国建研发大楼。对于此事，张亚勤曾透露："为了建楼这件事，我总共给盖茨和鲍尔默写过 10 封电子邮件。"同时这一切都是微软（中国）全体员工辛勤努力的结果，没有他们做出的杰出成果，微软（中国）绝不会有如今的盛况。

最后微软所购的土地位于中关村核心商务区的中关村广场，占地面积 11 600 平方米。按规划，微软将建设两栋大楼，总建筑面积约为 15 万平方米，建成后可容纳 5 000 名员工。包括买地费用在内，微软总共需要投资 20 亿元人民币，相当于微软（中国）研发集团一年的运营费用。而总部大楼于 2010 年建成后，微软目前位于清华科技园以及希格玛大厦的 3 000 多名员工将搬到这里工作。

行动指南

用自己的实力赢得上司的尊重。

星期四　互联网时代

"互联网已经成为不可缺少的工具、平台。一个企业，或者你提供和互联网有关的业务，或者你要使用互联网来改善你的经营，提高你的生产效率，开拓你的业务。如果你不适用互联网，你的核心竞争力就会减少，在这个快速发展、快速竞争的环境中很难生存。"

——张亚勤 2009 年 7 月 27 日接受《新浪网》科技频道专访

背景分析

网络的出现是现代社会进步，科技发展的标志。现代意义上的文盲不再是指那些不识字的人，而是不懂电脑脱离信息时代的人。在科学不发达的古代，人们曾幻想要足不出户，就晓天下事，如今信息高速已将此幻想变为了现实。只读圣贤书，不闻天下事的时代已经过去，网络的平台给我们提供了交流、交友的自由化。

信息产业是国家的基础产业，它的发展水平与国民经济水平密切相关，互联网作为信息产业的重要组成部分，自然也是如此，我国互联网的发展与我国的经济发展紧密相连。同时，互联网作为一种工具，不仅让我们的生活更加丰富多彩，还极大地推动了社会经济的发展，促进生产力的变革，互联网与社会经济相互促进，紧密相连。

行动指南

现在是互联网的时代，要学会利用互联网提高竞争力，在竞争中生存。

星期五　绿色经济

"如果看一下信息技术，尤其是软件和互联网，其实就是绿色经济中一个特别重要的元素。"

——张亚勤 2010 年 4 月 10 日博鳌亚洲论坛上的演讲

背景分析

IT 产业本身是一个三高两低产业，另外一方面 IT 技术对其他产业的辅助性作用巨大，是众多产业转型升级的重要工具，也是一个绿色循环经济。麦肯锡有一个分析报告指出："如果整个世界整个社会都高效采用 IT 的技术，那么在 2020 年整个碳的排放量会降 15% 左右，应该是 7 000 万吨。"这比整个中国现在碳排放量还要大，所以 IT 发挥着很重要的作用。那么对微软来讲我们有两个方面，一是把 IT 本身先变得更加绿色。二是思考 IT 怎么用到别的产业里面去。

微软自己有一个目标，就是在 2013 年我们整个的碳排放比今天要减少 40%。这是微软具体的一个承诺，对社会作出的一个承诺。

行动指南

信息技术，是改变人类未来的一项技术。

SEP

9月

本我，自我，超我

9月
第一周

星期一　很多时候是靠灵感

　　"我是个很情绪化的人，情绪好的时候，有很多灵感。不好的时候，做的事情比谁都差。"

　　　　——腾讯博客《微软全球资深副总裁张亚勤的成功之谜》一文

背景分析

　　业界普遍认为张亚勤是属于智商和情商都特别高的人，但他却认为自己最突出的特点是感性。这位交谈时还不忘适时给客人茶杯续水的专家，既没有人们印象里外企高层管理人员的精明外露，也不像某些传说中的科学家的怪癖和桀骜不驯。几乎所有见过张亚勤的人都说，第一次见面就觉得他亲和力很强，说话的声音和外表都给人很温厚的感觉，笑起来很可爱，总是给人一见如故的感觉，很难令人将他和那种传统意义上的神童、书呆子形象联系起来。在微软（中国）内部，包括清洁工阿姨、前台小姐都直接称呼这位微软亚洲研究院的一把手为"亚勤"，而绝非"张总"。

　　张亚勤的高情商还表现在他美国留学时对异域他乡融合得如鱼得水。在美国留学期间，张亚勤与自己那位因人际关系与众多导师不和的同班同学谢彦波相比，张亚勤与异国文化、同学老师、科研环境相处得十分和谐。他描述自己是："我很重视感觉，也相信感觉。"从小培养起来的这种感觉，对张亚勤之后的人生起到了不可忽视的作用。

行动指南

凭借感觉也可以迈向成功。

星期二　未雨绸缪

"我其实是在中国科技大学长大的，12岁到19岁正是人生定型的阶段，进校时是一张白纸，毕业时已经有了完整的人生观和心态，而且也学到了很多技能。"

——张亚勤 2007年12月19日接受《人民日报》采访

背景分析

在别人还是读小学的年龄，张亚勤就已经走进了大学的殿堂，完成别人所不能体会到的超前体验。作为神童之一，他也必须在这个时候接受和他年龄很不相称的学习。好的心态让他欣然接受了这一切，并一路走下去。和最初几位很出色的神童相比，张亚勤只是很淡泊地在大学里面做着自己想做的事情，学着自己想学的知识和技能，几乎没有走到公众的眼前，没有太多的目光关注，不需要顶着太多的光环。正如他自己所说的那样，从一张白纸逐渐拥有了自己完整的人生观和心态。他超前完成的是技能的学习和心态的锻炼，而不是提前去承受神童的荣誉和他人崇拜的目光和过度的期待。

古语有云："工欲善其事，必先利其器。"张亚勤大学里面所做的准备工作就是一个利其器的过程，也正是因为他能够实现做这些准备，才让我们也领悟到了磨刀不误砍柴工的现实意义。

行动指南

提前做好该做的事情，而不是提前享受荣誉。

星期三　选个导师

　　"我1999年加入微软，就是比尔·盖茨进行的面试。我觉得他有一股把事情抽象、简化的超能力，每次和他谈完话，总会觉得脑袋清楚许多。另外，他对技术的热情，是驱动微软不断创新开发的重要来源。还有他对世界的使命感，像最近他宣布身后要把财产全部捐出去，不留给子女，很令人佩服。"

　　　　　　　　——张亚勤2008年7月29日接受《新浪网》科技频道采访

背景分析

　　微软有个好的惯例，就是新员工进来，需要选一个老员工作为自己的导师，指导自己刚进公司的一切行动。

　　1999年张亚勤出任微软亚洲研究院（当时为微软（中国）研究院）的首席科学家和副院长，担当李开复的助手。在这之后张亚勤一直致力于微软亚洲研究院的各项研究，并在2000年出任研究院院长一职，在他的带领下，微软亚洲研究院逐步成为世界一流的基础科研机构。他对微软的热情源于他对祖国的爱，源于对技术的痴迷，源于对比尔·盖茨的崇拜。

　　张亚勤后来调回美国总部任职时，更是由比尔·盖茨亲任其导师。从比尔·盖茨身上，张亚勤学到了很多，包括对世界的使命感，简化问题的能力。比尔·盖茨在这些方面给张亚勤做了一个很好的榜样。作为一个管理者需要有简化问题的能力，在这一点上，张亚勤从盖茨身上学到了，并且用在了实际工作中。

行动指南

　　找到导师，超越自我。

星期四　国家有难，匹夫有责

"周五在西安出差，遇到李连杰和壹基金的同事，我立即更改行程，经成都转映秀，参加这次行走活动。"

——张亚勤新浪博客《映秀的春天》一文

背景分析

2008 年 5 月 12 日 14 时 28 分 4 秒，四川省汶川县、北川县，8 级强烈地震猝然袭来，大地颤抖，山河移位，满目疮痍，西南处，国有殇。这是新中国成立以来破坏性最强、波及范围最大的一次地震，重创了约 50 万平方公里的中国大地。5 月 16 日，红十字基金会等慈善网站捐款平台因为超大流量压力，大量捐款人无法访问网站。微软公司迅速组织工程师，连夜制定完整的解决方案，在与业界同仁的共同努力下，对相关网站的数据库进行了程序优化，使捐款平台很快就恢复运行。

为表达全国各族人民对四川汶川地震中遇难灾民的深切哀悼，国务院规定从 2009 年起，每年的 5 月 12 日为全国防灾减灾日。这是张亚勤第一次亲赴地震灾区，真切地体会了血泪交织的生死离别留给生者的悲怆，对亲人与日俱增的思念，刻骨铭心。同时他也看到了祖国人民的坚强，面对灾难时的团结一心，灾后重建中人们对未来的信心。作为中国的一位公民，在国家面对灾难时，张亚勤能够亲自参与进来，表达自己对祖国的关心。

行动指南

有国才有家，自当心系国家。

星期五　相信中国

"关于'中美经济可能呈现U形发展'的观点，媒体上已经有很多的报道。但在此我想强调，尽管中国经济可能仍在趋向U的底部，但今年第一季度GDP仍保持了6.1%的高增长。而且我也从最近的统计数据、从政府的报表、从业界朋友的感受中看到了一些对中国经济复苏而言相当积极和正面的信号。所以我也想与大家交流我的想法——对中国经济和科技发展的未来，我是充满信心的。"

——张亚勤新浪博客《博鳌归来谈感受之二：IT是走出危机的重要引擎》一文

背景分析

2009年作为金融危机后的第一年，很多国家依旧陷在危机的泥潭中难以自拔，冰岛破产，希腊的主权债务危机，美国也在奥巴马上台后大搞金融新政，限制全能型银行的业务范围。在这场危机中，中国遭受了不小的打击，损失也不小，经济发展速度迟缓了。但是在金融危机中中国经济复苏的最快。有人说中国的经济趋向U的底部，这也许是事实，但是中国在这次危机应对中反应迅速还是可喜的，GDP的高增长就是一个很好的说明。

中国经历了30年的经济高速成长，我们已经习惯于从高速发展的中国经济中分享价值和机遇。此次全球性的经济低迷促使我们自我检视与反省，调整步伐，更好地应对未来发展中的挑战。比尔·盖茨曾一再强调："我们离破产只有18个月。"无论是企业还是个人，始终保持居安思危的意识都是非常重要的。

行动指南

在祖国工作，更对自己的祖国充满自信。

9月
第二周

星期一 关注民生

"关于今年的 GDP 增长。温总理在报告中提出今年国内生产总值增长目标是 8% 左右。这个目标是近些年来'最低'的一个，甚至比处于经济危机中的 2009 年 (8.7%) 还低。温总理在报告中还特别强调了今年增长的目标是'好'字当头，要引导各方面把工作重点放到转变经济发展方式、调整经济结构上来，说明政府已经把均衡发展放在了重要的位置，而不是以片面追求 GDP 的增长速度为首要目标。这种由追求'量'到追求'质'的变化是一个非常大的进步。"

——张亚勤新浪博客《两会印象之政府工作报告和精彩提案》一文

背景分析

两会是全国人民代表大会和中国人民政治协商会议的简称。每年 3 月份两会先后召开全体会议一次，每 5 年称为一届。两会召开的意义在于：将两会代表从人民中得来的信息和要求进行收集及整理，传达给党中央，两会代表是代表着广大选民的一种利益的，代表着选民在召开两会期间，向政府有关部门提出选民们自己的意见和要求。

在两会上国家领导人的讲话往往会是政策的方向所指，从张亚勤关注总理的报告可以看出来。2010 年作为危机后最重要的一年，中国会有一系列的重大举措来改善国计民生。温总理开始把增长的目标从量往质上面转移，这是一个对人民非常好的政策走向，更是社会的一大进步。解决民生问题的根本就是让老百姓过好，而不是一味追求生产总值的数量多少。

行动指南

作为一个企业法人应当关注民生问题。

星期二　反客为主

"作为根植中国多年的跨国企业，微软公司近年来持续对浪潮国际、中软国际、大连华信等本土企业进行战略投资。未来 5 年，微软公司还将投入 1 亿美元，与本土企业合资合作，利用微软公司的资源优势和经验支持国内企业发展。"

——张亚勤 2008 年 1 月 13 日接受《中华网》专访

背景分析

随着中国改革开放的春风吹遍神州大地，中国的本土企业也有如雨后春笋般冒出来。当大量的本土创业发展起来，投资业也伴随着成长起来。投资一般分为财务性投资和战略性投资：财务性投资就是向一个项目或是公司注入资金以实现入股控股；战略性投资就是向你所看好的项目或公司提供公司内部管理机制的转变。

一般认为，战略投资指依附于某个行业，以提升某个产业、培育产业的领头企业为目的，或者以进军某个产业，在产业中占据重要地位等为目的的投资。在中国发展了如此之久，微软也逐步走上了和本土企业联手合作的道路，对一些有着良好前景的公司企业进行投资，利用自身的优势以帮助中国的企业取得长足的进步。数据揭示了合作带来的商业价值，不仅是微软，在中国的许多跨国企业都将遵循"融合"与"多赢"思路，与所在区域、所在产业共成长、共繁荣。

行动指南

跨国企业应当协助本土企业积极参与到自主创新中来。

星期三　国富民强

"幸福+尊严：很赞赏这样的语言，但问题还很多。中国虽然GDP全球第二，但人均GDP在一百名后。更令人震惊，公民的收入只占GDP 8%（全球倒数第一——From郎咸平）。要人民幸福+尊严，首先要还富于民。只有民富才能国盛！"

——张亚勤新浪微博

背景分析

中国，这个拥有世界上人口最多的发展中国家，在经历了对外开放的数十年之后，GDP终于跃居世界第二，这是一项巨大的成就，然而由于人口数量的原因，人均GDP的位置却和总量的排名有着天壤之别。

针对大陆当前经济局势，知名经济学家、香港中文大学教授郎咸平表示，中国政府针对流动性过剩实施的宏观调控政策是错误的，大陆目前的问题是政绩工程过热、制造业过冷的"二元经济"持续恶化，政府应积极出手"救市"。好大喜功向来是中国人的一个通病，在人均不足的情况下，鼓吹总量世界第二，这是没有任何意义的。

梁启超的《少年中国说》中写道："少年智则国智，少年富则国富，少年强则国强，少年独立则国独立，少年自由则国自由，少年进步则国进步，少年胜于欧洲，则国胜于欧洲，少年雄于地球，则国雄于地球。"其实把文章中的"少年"改成"人民"更加合适，人民是国家的主人，人民过得幸福，过得有尊严，才能真正体现出一个国家综合实力的强大，如果人民都不能生活美满，那么有再高的 GDP 总量也只是空谈。

行动指南

人民强则中国强，人民富则中国富。

星期四　心系国家

"今天上午／下午参加政协分组会上我的发言：首先总结了对在新浪微博上收集的大家最关注的三大问题：房价、教育、民生（参见前几天的微博）。之后我提了 4 个简短提案——比较具体希望有较强的可操作性和可执行性。1. 提议教育部能选择 5 个顶尖大学把它们的课件通过互联网免费提供给大家。在我们国家，能上好大学的学生毕竟少数，这样可以部分解决教育资源不均衡的现象。其实美国 MIT 已经这样做了。2. 提议逐步取消'户籍'，一方面加强人才流动，另一方面也反映了社会的公平。现在太多的问题，比如农民工子女的教育问题多是由户口引起的。3. 国家要从制造大国成为科技强国必须发展软实力增加 RD 投入。目前中国 RD 是 GDP 1.4%（是美国和日本的 1/2 和 1/3）。建议 5 年达到 2%。4. 云计算是新一代计算趋势和核心技术，也是新一代互联网，物联网，移动互联的中枢神经。建议：a. 建立中国云计算研发和产业基金；b. 积极参与／领导国际云计算标准；c. 部署大型云计算数据中心。"

——张亚勤新浪微博

背景分析

RD 是 researh 和 development 的缩写，是研发的意思。范仲淹的《岳阳楼记》中写道："居庙堂之高则忧其民，处江湖之远则忧其君。"张亚勤在两会上面的动作表现，可以算是既忧其民，又忧其君。房价、教育、民生，这三点是如今百姓最关注的了。尽管张亚勤的提案之中没有涉及房价，但是却也隐含在取消户籍制度这项之中。取消户籍不只是解决农民工子女教育的问题，更是对城市外来人口的承认和接纳。

云计算则是 IT 和互联网产业未来的发展趋势，世界将会朝着这个方向发展，建议中国在这个方面花大力气参与并积极投入，是让中国更好地跟世界接轨。在张亚勤身上体现出一种责任心，"责任"是最基本的职业精神和商业精神，它可以让一个人在所有的员工中脱颖而出。一个人的成功，与一个企业和公司的成功一样，都来自他们追求卓越的精神和不断超越自身的努力。责任胜于能力。

行动指南

心系国家，关注民生和民主。

星期五　情系中国

"在海外多年，一种割舍不去的情愫始终挥之不去。我离家乡的地理距离远了，内心的情感距离却更近了。虽然身处异国他乡，但是我们始终怀着一颗中国心。这些年，更是穿行于中美之间，努力成为中美科技交流的信使和桥梁，亲身经历了两国科技的长足发展与进步，也见证着彼此之间日益增长的友谊和交往。偶尔抬头仰望浩瀚星空，我期望自己能像一颗恒星，虽然平凡，却能用光线连接起周围的星云和星系，用自己的光芒，传递明亮的讯息，传递梦想，生生不息！"

——张亚勤新浪博客《我的中国心与美国情》一文

背景分析

"河山只在我梦萦，祖国已多年未亲近，可是不管怎样也改变不了我的中国心。洋装虽然穿在身，我心依然是中国心，我的祖先早已把我的一切烙上中国印。"张明敏的一首《我的中国心》可以说也道出了张亚勤的心声，华夏五千年，幽幽中国情。多少年多少华夏儿女远赴重洋去深造，最终还是选择回到祖国的怀抱，为祖国的现代化建设出谋划策，贡献光和热。张亚勤漂洋过海去美国留学，学习美国先进的技术和文化，并在美国待了13年。

1979年中美两国正式建立外交关系，结束了长达30年之久的不正常状态。30年来，在两国几代领导人和各界有识之士的共同努力下，中美关系取得了历史性发展，双方在广泛领域的交流合作卓有成效，两国人民的了解和友谊与日俱增，中美关系的战略意义和全球影响更加突出。事实证明，中美建立和发展正常的国家关系，符合两国人民的根本利益，顺应了时代潮流，不仅给两国人民带来巨大福祉，也为亚洲和世界的和平、稳定与发展作出了重要贡献。张亚勤在这过程中也发挥了自己应有的贡献，促进了两国科技领域的合作与交流。

行动指南

华夏儿女，情系中国。

星期一　木秀于林，风必摧之

"记得王选教授讲过，当看到一个人每天出现在电视媒体，参加各种活动，高谈阔论讲同样的话时，他／她已经缺少自信，过了峰状态，走下坡路了。"

——张亚勤新浪博客

背景分析

这句话算是张亚勤对自己很少在媒体面前曝光的一个注释了。一个人如果每天出现在媒体面前，那么说明他是想表达一些什么，参加各种活动说明他想通过这些行为来弥补失去的一些东西，而这往往是一个人状态不佳的表现。从另一个角度来说，做人低调是处世之道，出头的椽子先烂，一个人在社会上若是过分张扬，喜欢抛头露面，喜欢别人奉承，难免成为众矢之的。适者生存，做人低调更容易被人接受。木秀于林，风必摧之，拥有一颗平常的心，才能够冷静下来不被外界所左右，才能知足常乐。

行动指南

低调一点，生活和工作会更好一点。

星期二 中国与全球

"中国在我们微软全球研发的战略中，越来越重要。如果看一下现在的研发重点，可以说一部分面向全球，一部分面向中国新兴市场运作。"

——张亚勤 2006 年 12 月 19 日接受 《中关村在线》 采访

背景分析

就微软程序员中美国和中国的区别，张亚勤在这里讲了几个特点：1.大部分的研发项目是自己决定的，是微软在中国的团队所做的决定，但是本身要有全球的战略，要有很多的合作，不过是要制定自己研发产品的项目。2.所做产品越来越核心。这里面包括很多的算法方面，内核方面，当

然也有整个平台、应用。3. 中国的团队比起美国和其他地区的团队，很多东西是特殊的，因为中国在手机、互联网、数字娱乐的发展是最快的。所以中国的用户交流、市场的理解、人才是独一无二的。

举一个例子，比如在 Office 2007 里面，有一个功能叫 Mobile Service，这个移动服务是把短信很好地整合到 Office 里面，通过 Office 2007 可以发短信、收短信，收彩信、发彩信。而且可以把图片，把所有的 Office 的文本通过彩信作为附件送给手机的用户。这个功能开始只是针对中国的，因为中国是最大的短信市场。目前中国的短信使用量占全球 39%，所以说在新的 Office 软件中一定要把这种短信的功能加到里面。后来总部发觉这个功能很好，就把它变成全球的功能。这只是一个例子，就是面向中国用户、中国市场开发的核心技术最终走向全球化。

行动指南

面向中国，是为了更好地面向全球。

星期三　独木不成林

　　"现在看操作系统的发展，不管是嵌入式还是实时的，Vista 这样的大型操作系统，任何个人都很难做出来，里面确实牵涉到很多方面。"

　　——张亚勤 2006 年 12 月 19 日接受《中关村在线》采访

背景分析

操作系统是管理电脑硬件与软件资源的程序，同时也是计算机系统的内核与基石。操作系统是一个庞大的管理控制程序，大致包括 5 个方面的管理功能：进程与处理机管理、作业管理、存储管理、设备管理、文件管理。目前微机上常见的操作系统有 DOS、OS/2、UNIX、XENIX、LINUX、

Windows、Netware 等。

操作系统的主要功能是资源管理，程序控制和人机交互等。计算机系统的资源可分为设备资源和信息资源两大类。设备资源指的是组成计算机的硬件设备，如中央处理器，主存储器，磁盘存储器，打印机，磁带存储器，显示器，键盘输入设备和鼠标等。信息资源指的是存放于计算机内的各种数据，如文件、程序库、知识库、系统软件和应用软件等。牵涉到这么多的方方面面，任何个人都是很难单独完成的。

行动指南

一个人的能力是有限的，很难处处兼顾，大家一起合作才好出成果。

星期四　行业间联系

"亚信并购联创后成为一家有 18 亿美元市值的公司，是完全和中国的电信业发展密切相关的，

在 3G 建设、管理、运营过程中，最重要的就是软件在背后所提供的服务。这对新亚信的机遇非常巨大，3G 网络建设上面的增值服务，也需要更多的软件来提供。"

——张亚勤 2009 年 12 月 6 日接受 《腾讯网》 科技频道采访

背景分析

2009 年 12 月 6 日晚间，亚信宣布正式并购南京联创，成为一家有 18 亿美元市值的公司。在并购完成后，新亚信一跃成为全球第二大电信软件企业，仅次于以色列 AMDOCS 公司之后。同时也成为国内最大的电信软件企业，和最大的软件服务公司之一。按照合并后的收入计算，新亚信（亚信＋联创）联合体 2009 年净利润超过 6 千万美元，直接预计 2010 年净利润将超过 1 亿美元。

据熟悉亚信的业内人士指出，亚信与联创的并购，预示着中国软件产业的新崛起。新亚信凭借着在美国上市的背景、18 亿美元的市值，反映出国内软件产业的变好。在 3G 领域、移动互联网领域，都有大量的软件在背后支撑。目前，这一领域不存在盗版问题，还可以通过产品和服务、未来的维护费用等多条途径增加收费。

行动指南

其实行业与行业之间有着密切联系，可以相互促进，相互补充。

星期五　用户就是上帝

"Windows 7 是微软所有操作系统中销售最成功的一款，上市 1 个月，售出 4 000 多万套，市场占有率达到 5%，实际上，现在市面上几乎是脱销状态。市场反应这么好，确实有些出乎我们的意料。我想，这其中一个非常重要的原因是，和 Windows Vista 更专注于技术本身不同，开发 Windows 7 时我们与用户有很好的沟通。"

——张亚勤 2009 年 12 月 22 日接受《科学新闻》专访

背景分析

在开发 Windows Vista 时，微软对硬件水平的发展前景估计过于乐观。实际上，有一段时间，主流芯片技术的发展速度比想象的慢，导致硬件不能承载 Vista 系统，所以，在开发 Windows 7 时，总结了这个经验；目前，终端越来越多元化，有的终端性能很好，有的终端却很简单，比如上网本。上网本出现之后，微软又对 Windows 7 做了一些调整，考虑到用户在使用上网本时通常不需要三维视觉效果，在上网本中，就取消了三维用户界面。过去总是关注高端机型，这次，也开始将更多层次的终端纳入考虑。

用户就是上帝，在软件的世界里，得不到用户认可的软件是没有任何意义的，不管技术含量有多高。Vista 就是一个很好的例子，虽然更加注重于技术，但是没有市场。Windows 之前的每次升级都带来系统功能和体量的膨胀，这次却转而走简洁的道路，就是因为微软把握住了以用户的体验和感受为依据的道理。

行动指南

企业产品如何，由用户说了算，因为顾客就是上帝。

星期一　重构商业模式

"大家印象中，微软公司还是在做 PC 操作系统、Office 软件。其实，微软也做手机操作系统、游戏机操作系统、互联网搜索等业务，除此之外，我们还有很多新的领域，特别是民生相关领域。一方面，这是作为企业社会责任的一部分；另一方面，这其中也有很大的商机。我们在医疗保健、教育、智能能源、环境等方面投入很大，过去两年，微软在全球、在中国，一直致力于将 IT 技术应用于以上行业。"

——张亚勤 2009 年 12 月 22 日接受《科学新闻》专访

背景分析

针对"微软公司已经有 35 年历史，近年来，微软公司的商业模式有怎样的调整？"的问题，张亚勤表示微软会在新的领域开战。在微软的历史上，似乎从创立那一天起，它就一直被它的竞争对手所低估。然而，几番挑战后，美国在线、Palm 和索尼等行业巨头皆数败阵，而苹果、Sun、IBM、甲骨文和 SAP 等许多公司在与微软的竞争中，要么在该领域销声匿迹，要么则丢掉了原本的市场份额。为什么微软如此成功？微软的发展按照体验经济的新规则，充分发挥了其在商业模式的竞争优势。

如今微软已经走过了 30 多个年头，随着 IT 行业和互联网产业的不断推进，微软在面对 Google 等众多竞争对手时，其商业模式是不得不进行一些变更的。在大家的印象中，微软只是做操作系统和办公软件，其实这只是其业务系统中的一个组成部分而已。在新的形势下，面对新的竞争，微软又已经对其业务作出了重大调整，其商业模式结构也将随之改变。

行动指南

随着行业的发展变迁，需要及时调整商业模式结构。

星期二　自信乐观

"搜索，不管产品也好、技术也好、市场也好，才刚刚开始，对于 Bing 我很乐观。"

——张亚勤 2010 年 4 月 10 日接受《搜狐网》财经频道采访

背景分析

在搜索领域，微软的最新搜索引擎 Bing 将与国内的其他搜索引擎，去瓜分 Google 离开后留下的那部分市场份额。以微软的实力，将会占据一定的市场份额。在产品方面，Google 的离开让其手机及手机操作系统在中国处于一个游离的状态，微软的 Windows Mobile 又可以趁机抢夺一些市场；而技术方面，Google 更是丢失了大批技术人才，和中国这个人才宝库，更有诸多 Google 的中国员工因为其离开而转投微软、百度等其曾经的竞争对手；市场这一块更是不用说了，原本百度在中国所占的市场份额就超过 Google，Google 通过自己多年的不懈努力才赢得了不错的局面，就此放弃，实在是不明智。

微软的 Bing 此时在美国已经占据了11%的市场，在这个时候强势进军中国，确实有着不少丰盛的大餐在等着 Bing，因此张亚勤所持的乐观态度是有据可依，有章可循的，不是盲目自信。

行动指南

找到猎物之前不宜盲目乐观，抓住猎物之后的乐观理所应当。

星期三　困境催人成长成熟

"寄人篱下，有一种很难受的感觉，但这对人的性格培养是有好处的。"
——张亚勤2010年4月2日接受《第一财经周刊》采访

背景分析

纵观人类漫漫五千多年的发展史，凡是为社会文化宝库增添财富，为人类发展作出巨大贡献的人们，和那些为追逐真理而游弋在知识海洋中的科学家们，逆境就是炼就他们那非凡的头脑的火炉，就是通往成才之路的阶梯。

张亚勤的这句话不禁让人想到汉初三杰中的韩信，生于贵族之家的韩信在楚国灭亡后四处飘零，无依无靠，比少年时期的张亚勤惨多了。曾在南亭亭长家混饭吃，时间长了，亭长老婆对他很厌恶。一天大早坐在床上把饭吃完了，韩信赶饭，扑了个空，知道是蹭饭遭嫌。离开后得漂母救济，得以维持生活，后终得以成就大业。

张亚勤童年的生活和韩信有些许类似，那就是自己坐车去亲戚家，一个人坐火车，不认识路找不到地方就慢慢摸索，慢慢打听，对于那个年龄的小孩子来说，确实是一件比较有挑战性的事情。但是张亚勤做到了，并且是一个人去完成了这项对当时的他很艰巨的任务。

行动指南

逆境，是促使人奋发向上的动力，是锻炼一个人意志的火炉。请那些成长在逆境中，生活在艰难困苦中的人们，特别是青少年，不要悲伤，不要哀怨，不要让不利的环境束缚住自己的手脚，而应该舒展开自己的双臂，去拼搏，去创造！

星期四　时光倒流

"如果还是当时的话，我还是会去上学。上大学了才可以痛快玩嘛。如果这选择搁现在，我不太确定，也许还是会去上学吧。"

——张亚勤 2010 年 4 月 2 日接受《第一财经周刊》采访

背景分析

当记者问："再有选择，你会愿意 12 岁去上大学还是当个多打几盘游戏的少年？"张亚勤作出还是会上大学的回答。如今很多人很难坚持最初的选择了，曾经有一部电影叫做《时光机器》，讲述回到过去去改变人生的一系列故事。不过科学家史蒂芬·霍金曾经警告人们，不要坐时光机器回去看历史，因为太多人坚定不了自己的选择。

人生是一场无法悔棋的棋局，每一步都要小心谨慎，尽量做到三思而后行。当年张亚勤能够以 12 岁的年龄进入大学接受教育，一定程度上是受到当时风靡的神童热的影响，再加上自己确实有着一定的天赋。人生往往就是在不经意之间走了很远很远，张亚勤就这样走完了大学的里程。

尽管很多当年的神童都后悔当初上了中国科技大学少年班，但是张亚勤选择不同。如果上天再给他一次机会，他会说，我还是要去上学。这一切都是假设，都只是说说而已，因为人生就是出膛的子弹，无法回头。

行动指南

就算再来一次，依然坚持原来的选择。

星期五　回眸这十年

"十年后的今天，我们在中国成立了集基础研究、技术孵化、产品开发和产业合作多元职能于一体的超过 3 000 名优秀科学家和工程师的微软（中国）研发集团。微软在华创新军团也从十年前的几个人发展到目前除美国以外全球最大的研发团队。十年间，我们在实现梦想的同时，也在一次次地超越我们的梦想。十年来，微软亚洲研究院和工程院取得了巨大的成就，但我期望下一个十年会更激动人心。除了发表文章、专利、技术和产品，我期望我们能做几件真正可以改变这个世界的事情。现在大家想起贝尔实验室，没有人记得它发表多少篇文章，人们记得的是它发明的晶体管、激光和光纤，这些技术改变了整个世界；我们今天想起施乐实验室，也想不起它获得了多少专利，想到的是图形界面和以太网，这些技术让今天我们的生活变得如此不同。我想这正是考验一个研发机构是否成功、是否有生命力的真正标准。"

——张亚勤新浪博客《倾情研发十年记》一文

背景分析

微软在全球化进程才刚刚开始的 1997 年，比尔·盖茨再次访问中国，以他特有的洞察力看到了中国的潜力，说中国一定会有很多一流的工程师、一流的科学家，因此决定把微软第二个海外研究院放到中国，建在北京。十年后，微软亚洲研究院已经向微软的重要产品贡献了超过 250 项技术，在国际顶尖的学术会议和期刊上累计发表了 3 000 多篇论文，并培养了数以千计的高端科技人才。回头来看，这一决策充分展现了比尔·盖茨作为产业领袖的远见卓识。

　　1998 年，当李开复邀请张亚勤回国参与研究院的创建时，已经有一些留学生开始回国工作，但多数人是做互联网公司，真正从事基础研究的人少之又少。但是"中国"、"微软"、"研究"这三个关键词把他带了回来，怀着创业的激情，与同事们一道，实现"在中国打造世界一流计算机研究院"的梦想。

行动指南

　　工程师的激情来自于可以改变世界的梦想。

OCT
10月
独特的研究方法和探索精神

星期一　中国争夺战

"作为一家跨国企业，一定要主动地把自己融入到中国整个体制创新的企业里面。微软不是一个美国公司，是一个全球的公司，在中国是一个中国的公司，它在中国也是信息产业的一部分，只有中国的信息产业成功，微软在中国才有可能成功。所以作为一家跨国企业不要把自己孤立起来，主动地变化成中国的一部分。"

——张亚勤2007年12月21日接受《北京青年报》采访

背景分析

微软在中国花如此巨大的人力、财力、物力，从侧面证明中国对微软、对世界具有很强的吸引力。2007年，英特尔也开始落户中国，宣布斥资25亿美元在大连建立该公司在亚洲的首个12英寸晶圆厂。随着中国信息产业的高速发展，将会有更多的跨国企业落户到中国，抢占中国市场。在这场激烈的中国市场争夺战中，微软如不主动一点，有可能会逐渐失去它先前在中国保持的优势地位。

同时作为一家跨国企业，需要更好地融入到当地中去，积极参与当地的信息产业建设，把自己算作当地的一分子，共同发展，共同进步。俗话说，大河有水小河才不干，只有当地的信息产业及配套产业发展起来后，自己才能更好地发展。

行动指南

跨国公司要找到适合自己生存的土壤。

星期二　有技术没领导怎么行呢

"施乐的案例足可说明，即使有技术原创，但领导人没有战略意识，没有产业化，企业也会丧失生机。"

——张亚勤2006年6月12日接受《中国经济网》采访

背景分析

如今我们电脑中的很多图标都是微软操作视窗装入的，但事实上电脑中的图标、下拉式菜单、鼠标等都是施乐的发明，因为没有进行适时品牌延伸，最终被其他企业广泛的利用。施乐案例被专家形容为"起了个大早，赶了个晚集，为他人做了嫁衣"。

微软曾经对外宣扬的操作系统Vista，也是个"光有技术没有领导是不行的"很好例子。在Vista没有面世之前，极力强调其技术性，但没有能够给用户更好的体验，占用过多内存，诸多功能不能得到有效应用，领导人没有能够以战略眼光来看待，因此致使Vista没能真正地做到Vista（展望）而成为其一大败笔。这是张亚勤从一个工程师的角度，以施乐的案例来强调光有创造力而没有管理能力和战略意识的不足。

行动指南

没有领导意识，技术原创不能展现出生机和活力。

星期三　做好管理者

　　"我觉得就是要保持一个很平和的心态。一个管理者，或者一个leader，最重要的一点当然是感觉，是你在做决定的过程中的感觉，另外一点就是你的心态。你如果有一个好的心态，能创造一种和谐的气氛，给你的员工带来的是一种信心。　（要让）你的员工看到你的时候，对你有信心，相信你会让这个机构不断发展，觉得他在这儿工作会不断发展。所以说你的心态、你的Confidence、你的感觉是最重要的。"

　　　　　——张亚勤2002年10月7日"微软亚洲研究院日"接受媒体采访

背景分析

　　管理就是通过有效沟通，实现目标效率最大化和最优化。作为一个管理者，需要有的就是一个心态，以一种平和的心态创造出一种和谐的氛围，激励员工，以给员工带来信心，带来对未来事业的信心，对自己前途的信心。管理者的情绪和心态是能够对团队产生一种影响力的，是可以传染给团队里面的成员的。管理者要有一种创造和谐气氛的能力，将不同个性的人才融合在一起，为一个目标而奋斗。

　　同时领导者应具有纵观全局的大局观和眼光，拥有大局观才能全盘考虑，才能给企业带来更多发展的机会。

行动指南

　　好的管理者在于眼光和境界。

星期四　问题在创新

　　"制造业其实在美国还是很大的，我觉得大家有一个错误的认识，说美国没有制造业，其实并不是这样的，现在全球最大的制造业是在美国。但是，美国的制造业现在经受了很多的挑战，比如说汽车公司，三大汽车公司都受到了挑战，并不是制造业的问题，而是创新的能力。包括福特、克莱斯勒、通用，它的问题不是制造而是创新。"

——张亚勤 2009 年 9 月 19 日在 2009 财富 CEO 峰会上的演讲

背景分析

金融危机爆发后，美国的失业率从 2008 年的 12 月开始为 7.6% 左右，到 2009 年 2 月为 8.1%，逐月攀升，迅速从金融行业向其他行业蔓延。研究表明，美国的失业人口中金融体系的比例非常低，反而大部分是制造业、服务业、建筑业。但美国的十几万亿的救市资金当中用到制造、建筑和一般服务业的几乎没有，反而是金融业为主要援助目标。

美国为何不去救失业率高的制造业，反而救金融业呢？制造业不同于其他产业一样，制造业只要一直保持创新，就能很容易地去应对金融危机。创新是制造业的核心，也是一个国家竞争力的核心。一个国家只有拥有强大的自主创新能力，才能在激烈的国际竞争中把握先机、赢得主动。

行动指南

创新能力的问题才是大问题。

星期五 逆境滋生出繁荣

"历史的经验表明，大的困境总是伴生着一轮新的繁荣，对于那些有资金、有想法的企业，经济衰退可以为它们提供巨大的战略机会。我们要在危机时刻做好准备，以抓住难得的机会，在充满不确定性的时期率先起步。"

——张亚勤新浪博客《博鳌归来谈感受：逆境中的领导力》一文

背景分析

在经济发展遭遇严峻挑战的时刻，作为企业的管理者，需要肩负起重振经济、共克时艰的使命和信念，以非凡的韧力和乐观、清醒冷静的头脑以及务实的态度，引领企业向前发展。微软就是这一典型代表，在危机之下，丝毫不放松公司的研发项目，依旧花大力气在上面。因为危机中有新一轮的机遇，要抓住危机中的机遇，就需要不断地去创新。这应该算是微软即使在这样的困难时期，每年仍投入超过90亿美元专注研发的原因了。

逆境出人才，同样的道理，逆境也会培养出成功的企业。古语有云："置之死地而后生，陷之亡地而后存。"都是在阐述一种迎难而上的精神。有资金有想法的企业，在危机之时可以大有一番作为的；自身条件不理想的企业也不需要因为环境而放弃追求，因为只有在艰苦的环境下，才能激发出潜意识的力量。

行动指南

困境之中更易崛起。

星期一　关注云计算

此外，云计算还有物联网都值得关注。在国内，云计算现在变得家喻户晓，在美国没有几个人知道 Cloud Computing，我觉得这个很有意思。

——张亚勤新浪博客《互联网的未来趋势》一文

背景分析

在现今的 IT 世界里面，最热门最引人关注的话题应该就是云计算和物联网这两个了，这是 IT 接下来发展的一个趋势，对世界的发展将会有一个重大的改变。在中国，云计算已经变得家喻户晓，这个现象从一个侧面反映出中国人对世界发展趋势的重视程度，而不仅仅是 IT 行业的人才关注这个。而在美国没有几个人知道，这也说明了一个问题，就是在美国对这一领域只有行业之内的人才关心，而普通民众对这些毫不在乎。

家事国事天下事，当事事关心；风声雨声读书声，也声声入耳。就这些现象来看，互联网的未来在中国，IT 的未来在中国，将成为一个不争的事实了，以眼下中国大众对互联网对 IT 的关注程度来看，这一趋势是不可避免的。

行动指南

未来在云端，未来在中国。

星期二　未来由我们主导

"微软不怕云，而是云计算时代的主导者，在建立数据中心等方面投入的资源是最多的。我 3 月份在微软总部参与的高层会议，主题就是面向未来的服务对应。目前 Xbox 服务已经成为全球最大的游戏在线业务，Bing 等服务是完全基于云的，最新的 Office 也走上了这个道路。软件加服务是明确的趋势，VS10 支持 Office 2010 中的大量功能，对于中小企业有非常重要的作用。"

——张亚勤 2010 年 4 月 12 日接受《搜狐网》IT 频道采访

背景分析

接受采访时张亚勤说："云计算不是一个全新的概念，10 年前他做 .NET 的时候，曾经把 Cloud Computing 翻译成网络计算；从 5 年前他就开始推动中国在云计算方面的应用发展。"

"我认为云计算可以分为几个阶段，已经过去的 1.0 阶段，标志是 SOA、网格计算、分布式计算、虚拟化等概念；云计算 2.0 阶段的标志是亚马孙成功建立资源平台，通过 EC2 弹性计算、S3 存储模式，第一次把计算作为可租用的资源，建立了一个物理平台；我认为目前是云计算 2.5 阶段，不仅仅是物理平台，而且有了 VS10 这样的开发平台和工具，在其上开发的应用可以互相兼容和迁移。"他强调："标准平台对于云计算的发展非常关键，例如 Windows 的成功很大程度上可以归功于有了一个标准的开发平台。"

谈到云计算在中国的发展，张亚勤说："我在两会上的云计算提案有三个方面：成立云计算产业基金，靠市场方式运作，吸引全球的投资者，目前的问题在于中国的中小企业没有很多的资源和需求建立运算模式，而国企往往没有创新的动力；参与甚至主导国际云计算的标准制定，我反对不和国际沟通，自己搞一个标准，形成孤岛，奥运会是最好的模式，采用共同的规则竞争；希望有一些具体措施，让运营商和国企建立大型数据中心，依靠他们的信誉吸引应用，并在绿色等方面做通盘考虑。"

行动指南

中国的云计算发展需要完整的策略，中国的企业要和国际巨头展开合作。

星期三　也谈经济危机

"我经常跟朋友们讲，我说这次金融危机太短了，对中国基本上没有太大的影响。大家可能知道有一位著名的经济学家叫朱比特，他讲过经济危机的时候其实有几个优点：1. 好的企业会变得更强，差的企业就被淘汰掉。2. 好的商业模式会变得越来越强，夕阳产业就被淘汰。3. 好的人才被留下。大家可能也听过巴菲特一句名言，在浪潮退掉之后，可以看到哪些人在裸泳。中国的感觉，海潮退掉了，还没有看到谁在裸泳。这次经济危机由于四万亿刺激计划，对中国影响相对较小，很多泡沫成分还没有去掉。包括房屋泡沫、股市泡沫，特别是人的心态的泡沫。"

——张亚勤 2010 年 4 月 10 日在后危机时代的企业经营环境分论坛上的讲话

背景分析

针对两年前开始的全球金融危机，诸多人士认为对中国产生了巨大的影响，而张亚勤却认为基本上没有太大的影响。他甚至引用朱比特的观点，讲述经济危机带来的好处。确实，在市场经济体制下，优胜劣汰，适者生存的道理是照样有效的。不能经受住经济危机考验的企业，产业和人都将被淘汰掉，而在危机中生存下来的，则都是有竞争力的，能更好地生存发展下去。

张五常教授认为这四万亿的刺激计划的方法是正确的，他分析说，只要是炎黄子孙自己想出来的办法，大多都是行之有效的，向老外取经来的一些方法，反而不行。张亚勤则是认为只是这个四万亿的数目还不够，还没能足够厉害到戳破中国经济的泡沫。

行动指南

工程师们能更加理性地看待经济危机。

星期四　紧盯技术创新

"即使讲到技术创新，也不是说完全要进行原创，原创固然重要，但是另外三个因素我认为更重要，我把它叫做3A，就是 Adoption（采纳）、Adaptation（适宜）、Application（应用）。

如果看看 Google 这样的公司，它又有技术创新，又有新的经营模式。再如微软、英特尔，创新既包括技术方面，也涉及产业生态链方面。像戴尔可能本身有很多的技术，但是它的直销模式是这个产业的No.1，有开拓意义。所以每个公司要根据自己的市场定位与产业结合进行创新，而不仅仅是盯住技术创新不放。谈了这么多创新，那么究竟什么叫创新呢？熊彼特1932年提出创新理论，认为创新其实很简单，就是在整个经济系统中引进新的生产函数，使得生产成本的要素曲线得到改变。弗里曼从经济学的角度定义创新，他说创新包括技术创新，也包括市场的、管理的、文化的创新。"

——张亚勤新浪微博

背景分析

创新，不只有技术上的创新，更有经营模式、管理模式上的创新。每个公司都有自己的特色，根据自己的市场定位，和自己所在的产业，进行新的一轮融合，也是创新。当然很多企业既有技术方面的创新，又有模式上面的创新。只要有开拓，有意义，都是创新。我们的生活正是由于创新，才变得如此多姿多彩。

熊彼特在1912年《经济发展理论》中指出，技术创新是指把一种从来没有过的关于生产要素的"新组合"引入生产体系。这种新的组合包括①引进新产品；②引用新技术，采用一种新的生产方法；③开辟新的市场（以前不曾进入）；④控制原材料新的来源，不管这种来源是否已经存在，还是第一次创造出来；⑤实现任何一种工业新的组织，例如生成一种垄断地位或打破一种垄断地位。

技术创新，可以是原创，也可以是在前人的基础上进行总结归纳之后的应用。张亚勤认为原创之外的3A，其实就是非原创的创新需要做的三项。

行动指南

创新不是单一的，而是多方面的，多角度的。

星期五　向小孩子学习

"周末，女儿、儿子教会我怎样玩 Rubik's Cube（六面魔方），现在最快 2 分钟就能完成 6 面。看来小朋友身上也有很多可以学习的地方。"

——张亚勤新浪微博

背景分析

六面魔方作为儿童智力开发的一件玩具，事实上有很多大人都很难把它完成，张亚勤小时候应该是没有玩过，因为他小时候的大部分时间都用在学习上了。张亚勤在微博中讲述女儿和儿子教他如何玩魔方，丝毫没有掩盖自己在转魔方方面的不擅长，而是大胆讲述自己是在小朋友的指导下学会的。

其实小孩子的身上是有很多优点值得大人学习的，是大人在长大之后就已经丧失了的。小孩子在某些领域未必就不如大人，说夸张一点，叫做后生可畏。好学是传染的，一人好学，可以染起许多人好学。同时从张亚勤周末陪子女一起玩耍，也不难看出他是个有家庭责任感的人，对子女的亲情培养和情商教育还是很重视的。

行动指南

注重子女的教育，也从子女身上学到东西，教学相长。

星期一　界限分明

"明早9点钟还要在财富CEO峰会讲话（还不知道要说什么，微博秘书还没有PPT）。强烈呼吁以后活动不要放到周末，影响个人生活！我要看《开国大业》。"

　　　　　　——张亚勤新浪微博

背景分析

2009年9月19日，由《财富》中文版主办的"2009财富CEO峰会"在北京举办，这是一次企业高层、财富新贵的一次盛会，很多人趋之若鹜，但张亚勤却认为安排在周末，影响了他的周末生活，这是张亚勤公私分明，懂得生活的一种表现。不懂得如何生活的人，就不懂得如何工作。To be or not to be, it is a question。确实，应该怎么样安排生活和工作，这是个问题。尽管张亚勤在微博上说第二天的会议自己还不知道要讲什么，但是第二天的会议上还是讲了些内容，应该是前一天晚上准备的，可见晚上有没休息好，被这个所谓的会议影响到了，尽管有秘书会为他准备PPT。

看电影《建国大业》自然是工作之余的休闲娱乐，然而这个所谓的峰会让他的一些休闲娱乐计划泡汤了，由此可以看出张亚勤不是一个彻底的工作狂，他是懂得安排好工作和生活的。

行动指南

快乐生活，快乐工作，工作狂未必好。

星期二　看危机

"全世界的经济也好，科技也好，都越来越融合在一起了。特别是在贸易方面，在基础的合作，在产品，在整个的销售布局越来越全球化。如果看一下目前经济的话，确实也是这么一个反映。我们这次来到博鳌论坛，大家讨论的是绿色的复苏，近来与年前相比确实有了很大的改善，已经在恢复的进程中。可能某些国家、某些地区不太一样，恢复速度也不一样。中国可能快一些，美国可能稍微慢一点，欧洲可能还有很多问题，有些国家可能还在危机之中。总体来讲，世界的经济是处于一个恢复的过程，向正面的方向走去。"

——张亚勤2010年4月12日在博鳌亚洲论坛上接受专访

背景分析

"世界是平的"这句话，得以广泛传播，与一本叫《世界是平的：21世纪简史》畅销书有关。这本书由托马斯·L.弗里曼所撰写，书中分析了21世纪初期全球化的过程。书中主要的论题是"世界正被抹平"，这是一段个人与公司行为透过全球化过程中得到权力的过程。作者分析这种快速的改变是如何透过科技进步与社会协定的交合而产生的。这本书在2006年，曾被美国导演John Jeffcoat拍摄了同名电影。张亚勤在2010年博鳌世界论坛上，认同"世界是平的"这一观点。

2010年的博鳌亚洲论坛年会讨论最热烈的问题，就是如何在金融危机之后实现经济的复苏。如今的世界，科技和经济已经融合在一起了，科技

的进步带动经济的发展，而经济的发展又能促进科技的进步。在危机后的复苏过程中，中国发挥了重要贡献，尤其是中国的互联网产业，竟能够逆势而上，取得长足的发展，给衰退的经济注入一股新的活力，让人们看到了危机之后的希望。

行动指南

经济总体还是好的，危机会过去的，心态要积极。

星期三　对话保尔森

"昨天下午，我们和保尔森有这么一个对话。谈到在两年前，差不多是2007年、2008年，开始爆发了经济危机。现在如果看的话，我觉得美国政府还是做了一些，我觉得比较及时果断的，采取了这么一个措施。还是相对地抑制经济危机扩大化起到了重要的作用。"

——张亚勤 2010 年 4 月 12 日在博鳌亚洲论坛上接受专访

背景分析

由于市场存在着自发性、盲目性和滞后性的特点，因此在市场自动调节的时候，宏观调控是起着一个适当的补充和适时调整的作用。然而宏观调控不能过于极端，政府行为也应遵循市场规律，当适可而止。奥巴马新政也正是在无形的手之外适时添加的一只有形的手，来应对市场在调节中自身缺陷的补充，尽管奥巴马新政对华尔街的一些金融巨头产生了不良的影响，但整体上算是一次有效的救市行为。

张亚勤认为很多的一些讨论是集中在当时做得对，当时有些可能没有做的。比如说谈到是不是，如果美国政府当时更加果断的话，应该去营救雷曼兄弟，为什么后来帮了 AIG，帮了别的企业，却没能挽救雷曼兄弟。保尔森说他的能力，他的权限其实也是很有限的。另外，也是希望整个靠市场经济模式，而不愿意把它变成一个太极端的政府行为。

行动指南

危难面前，应相互携手，同舟共济。

星期四　培养领军人才

"培养行业领军人才对于打造中国软件外包事业将产生非线性效应。"

——张亚勤2009年12月17日接受《中国青年报》的采访

背景分析

在中国，从事IT行业的基础研究人员数量相当庞大，但是很长时间内一直都没能实现质的突破，只形成了中国制造，而没能达到"中国智造"的局面，这和这个行业的领军人物是有着密切联系的。所谓非线性效应，是相对于线性效应而言的，是指输出输入不是正比例的情形。如宇宙形成初的混沌状态。自变量与变量之间不成线性关系，成曲线或抛物线关系或不能定量。

中国在软件外包方面与印度相比，还是有着一定的差距的，主要原因就在于中国在软件外包事业上面的领军人物不够，因此需要培养该行业的领军人物，以打破当下的线性效应的现状。在建立微软亚洲研究院的初期，李开复选择了张亚勤等这些领域的领军人物进入微软，也就是这个目的。

行动指南

一支队伍如果没有领军人物，那么也就失去了战斗的核心和灵魂。

星期五　环境影响创造力

"我希望能给这些聪明人充分的自由度，发挥他们的智慧。"
——张亚勤2007年11月1日接受《牛津管理评论》采访

背景分析

　　环境在很大程度上会影响一个人能力的发挥，每个人的心理都是跟身边环境息息相关的。成功学演讲大师陈安之曾经说：人的心态跟周围的环境一起共进退。当身边的环境传给你的是一种消极，你的心态也一定跟着消极，甚至有时连自己都没有发觉。如果周围的环境给你传达的是一种积极，你不经意间、在潜移默化中够就自然积极起来，觉得自己的生活多姿多彩，浑身充满了力量和希望，对任何的事情都干劲十足。这和学校里面的教育是一个道理，如果不能制造一个轻松和谐的氛围，那么学生的思维就不能放开，眼界也得不到拓展，自然没有什么效率，更不用说有创新了。如果在一个压抑的环境中，当然是身心疲惫，心力交瘁，怎么有可能产生思维的碰撞，闪现火花呢。

　　微软在营造良好的工作环境方面，做得很好。在微软亚洲研究院这个信息技术课堂里，体现出一种自由，让研究人员在工作中自由自在，无拘无束，方能产生思维碰撞，闪现思维火花，枯燥乏味的内容变得生动有趣，让简单操作充满生气，发挥最大的激情。

行动指南

　　在轻松自由的环境中打造美好未来。

星期一　一根杠杆撬动地球

　　"IT 企业的竞争优势更多地体现在智慧资源而非物质资源上，一个天才所创造出的价值，很可能超越同一时代千名、万名工程师所贡献出的价值。"

　　　　　　——张亚勤 2007 年 11 月 1 日接受《牛津管理评论》采访

背景分析

　　其实这句话中的天才，我们大可以不做理会，不一定非要天才才可以创造出智慧资源，一时灵感闪现得到的智慧成果，有可能会影响一个时代的发展进程。在这个世界上天才毕竟只是少数，而这个世界也不是少数的天才创造和推动的，而是由无数平凡的人们努力出来的。因此不要忽视一些暂时还没有体现出功效的产品，当这个智慧的资源发挥出功效的时候，那么社会都会因此向前迈一大步。

　　IT 企业竞争是智慧资源和物质资源的竞争，只是智慧资源所扮演的角色的作用更加显著一些，因此企业更注重的是智慧资源，正如那句话说的，给我一根杠杆我能撬动地球。而这根杠杆并不一定是天才做出来的，平凡的人照样可以弄出这根杠杆。

行动指南

一刹那的灵感闪现或许就会掀起社会发展的波澜。

星期二　人好比计算机

"如果把人比作计算机，智商就像 CPU 的性能，是固有的，后天相对较难改变。而性格好比操作系统，心态、判断能力、简化问题的能力、沟通的能力等像用户界面和应用软件，可以通过后天的教育和培训改变。"

——张亚勤 2007 年 1 月 24 日接受《人民网》采访

背景分析

张亚勤把人比作计算机，形象地用电脑的 CPU 和操作系统比喻了智商先天和情商后天的道理。电脑的 CPU 在装上了之后比较固定，基本不会做太过于大的改变，除非 CPU 坏了或者重新装机。但是一台电脑上的操作系统却是可以随时更换的，只要有新的操作系统出现，比如原本装的是 Windows XP，Vista 推出后，把 XP 更新成 Vista，乃至刚出来的 Windows 7，更有甚者会换成 Linux 等其他平台。

至于里面的应用软件更是茫茫多，供选择的余地也更大，如制图软件、即时聊天软件等；安装了 MSN 还可以继续装 QQ。这些就好比人的后天教育，随时可以添加进来新的东西，只要系统能兼容的话。就算先天配置的 CPU 不是最好的，但是只要有与之相适应的操作系统以及一系列软件，这台电脑照样可以运行顺畅自如。

这一形象的比喻，可以给从事 IT 的人一个更加清晰的认识，这也是张亚勤的一个确定人才标准吧。

行动指南

智商天生，但是性格和能力可以后天培养。

星期三　条条大路通罗马

"恢复高考前，我已报考山西的艺术学校，不进中国科技大学少年班，没准成个画家。"

——张亚勤 2007 年 1 月 24 日接受《人民网》采访

背景分析

戴尔的 CEO 曾经说："你应该去尝试实现自己的梦想，尝试去做你内心真正喜欢的事。行动是通向成功的唯一途径。成功，其实有很多种，而且通向成功的道路也有千万条。"

现代社会，成功的机会是无限的。每个行业，每个领域都有无数的机会等着你。但是，每个机会都是稍纵即逝的，除非你紧紧地抓住它，并且加以利用。成功有时需要冒险，你必须花费你的时间和金钱去为它冒险。如果你不敢放手一搏，机会是不会光临的.只有当你乐于付出时间、金钱去承担风险时，机会才会出现在你面前。成功需要果断。当机会来临时，必须快速地做出决断，并采取行动。优柔寡断可能丧失时机，机会也永远不会光顾你了。

张亚勤在机会面前做出了选择，就是选择进中国科技大学少年班，最终微软成就了他，他也成就了微软（中国）的今天。回过头来如果他真的去学艺术了，那么在艺术的领域难说会有一个叫张亚勤的画家。

行动指南

选择有很多，高考不是通向成功的唯一道路。

星期四　思想教育

"最重要的教育应该是产生思想家，学校是产生思想的地方。"

——张亚勤2009年12月14日接受《新浪网》科技频道采访

背景分析

　　拿破仑曾说过："世上只有两种力量，一种是剑，另一种是思想，而思想最终总是战胜剑的力量！"这句话是对拿破仑显赫一生的总结，也是他能横扫欧洲的原因。当你富有时，不能丢失思想；没有思想的统领，物质的财富很容易失去。当你贫穷时更不能丢失思想，思想是灯塔，思想是灵魂，思想就是力量，思想的充实可以弥补物质的匮乏，伟大的思想最终能变成巨大的财富。

　　相同的起点、相同的条件，不同的人却走出了截然不同的人生轨迹。是什么原因造成了这么大的差异呢？其实，人与人之间的天分相差无几，最大的差别就在于对待事情的态度不同，归根到底是否有思想。学校是一个传播知识的地方，更应该是传播思想、产生思想的地方，所以说最重要的教育是要教会学生有自己的思想，没有思想就如同一个没有灵魂的躯壳。毕竟生命是有限的，而思想才是永恒的。

行动指南

　　有些人一生没有辉煌，并不是因为他们不能辉煌，而是他们没有去实践这些辉煌的想法。

星期五　市场

"在IT方面，创新是没有止境的，不管是中国还是在全球。重要一点是市场的机制。"

——张亚勤2009年12月14日接受《新浪网》科技频道采访

背景分析

在 IT 行业里，创新无处不在，创新没有止境，创新的理念已经覆盖到整个行业。1857 年和 1929 年的电子革命和电器革命，这些都是创新思想的爆发和成果的体现。

市场机制是指在任何市场都存在并发生作用的市场机制，主要包括供求机制、价格机制、竞争机制和风险机制。具体市场机制是指各类市场上特定的并起独特作用的市场机制，主要包括金融市场上的利率机制、外汇市场上的汇率机制、劳动力市场上的工资机制等。

今日的市场是商品经济运行的载体或现实表现。商品经济越发达，市场的范围和容量就越扩大。一个开放的市场，能使企业之间在更大的范围内和更高的层次上展开竞争与合作，促进经济发展。

行动指南

只有市场才能决定创新的价值。

NOV

11月

技术人员的
发展前景

星期一 技术人员是中流砥柱

"今年 Tech·Ed 主题是'创新改变未来'。那么这个在目前全球金融风暴，特别是经济低迷的状况下，我想这个主题有其特殊的意义。创新我认为是企业从危机走向契机的一个重要的法宝，对于我们所处的 IT 行业，经济的低迷肯定会对我们有影响，但是 IT 仍然被认为是企业发展的一个发动机，一个动力。因为依靠 IT 的技术和创新它可以帮助企业减少成本，提高生产力，可以帮助企业省钱，可以提高它的核心竞争力和创新的能力。尽管整个全球经济在减缓，在放慢，我们还是承诺在中国会有更大的投入，在研发、在市场、在用户、在技术，不会减少我们的投入，我们会增加，而且会以双位数的速度在增加。"

——张亚勤 2008 年 11 月 10 日在 Tech·Ed2008 演讲

背景分析

2008 年世界经济陷入了泥潭，美国华尔街的大佬们也纷纷受伤，雷曼关门，花旗跌成仙股，高盛也股价暴跌，众多企业都徘徊在崩溃的边缘。IT 行业也随之走向低迷，但是对于技术人员来说，只要有技术在手，危机不是什么坏事，反而是技术人员大显身手的好机会。

在整个行业不景气的时候，技术人员这个主心骨，需要发挥出核心竞争力和体现出这个行业的含金量，这样才能挽救整个行业于水深火热，树立技术人员在这个行业的重要地位。中国的互联网在此次金融危机之中，没有偃旗息鼓，而是遇强则强，迎难而上，为中国经济注入了一股新的活力。因此微软在全球经济减缓的时候，加大对中国的投入力度是明智之举。

行动指南

技术人员在 IT 行业必须发挥核心作用力。

星期二　从技术人员升级为管理人员

"我在哈佛读的东西还是很少，只是上一些课，并没有经过很长的系统训练，对我来讲当然还是蛮有帮助的。但我想，更多的知识其实还是从工作中来，从实践中来的。"

——张亚勤 2002 年 11 月 1 日接受《世界经理人》网站采访

背景分析

作为一个技术人员背景出身的张亚勤，在逐步转化成为管理者的过程中，不可避免地要重新学习管理的知识，提升管理的能力。在这一过程中，他选择去哈佛学习管理理论，但是由于没有长期的系统训练，他的管理能力更多的是从平时和技术人员的相处之中、工作之中得来的。自己就是技术人员中的一员这种角色，这对于管理一群技术人员是有帮助的。

现在很多从事管理的人，并非都是管理专业出身，很多都是从门外汉闯进来的，这并不影响他成为管理领域的成功者。从技术岗位的实践让其管理更加切合实际。1845 年，马克思在创立新世界观时，就提出了检验真理的标准问题："人的思维是否具有客观的真理性，这并不是一个理论的问题，而是一个实践的问题。人应该在实践中证明自己思维的真理性，即自己思维的现实性和力量，亦即自己思维的此岸性，关于离开实践的思维是否具有现实性的争论，是一个纯粹经院哲学的问题。"这就非常清楚地

告诉我们，一个理论，是否正确地反映了客观实际，是不是真理，只能靠社会实践的检验来解决。

行动指南

实践是检验真理的唯一标准。

星期三　战略意识

"可能有一些同仁记得，微软在 10 年前提出了 .NET 的战略，还是网络就是一种服务，我们后面认识到，我们需要更好的平衡，软件也是产品，也是服务，我们希望给我们的客户、合作伙伴更多的选择，最后一点就是计算的信息的范围正在扩大，过去的 30 年，信息产业很大地发展，在改变着我们经营的方式和生活的方式，但是，基本上还是在影响到五分之一的全球的人口。下面的五年、十年中，计算变得更加便宜，更加深入。"

——张亚勤 2008 年 6 月 18 日在第六届软交会上的演讲

背景分析

SaaS 是基于互联网提供软件服务的软件应用模式。作为一种在 21 世纪开始兴起的创新的软件应用模式，SaaS 是软件科技发展的最新趋势。SaaS 服务提供商为中小企业搭建信息化所需要的所有网络基础设施及软件、硬件运作平台，并负责所有前期的实施、后期的维护等一系列服务，企业无须购买软硬件、建设机房、招聘 IT 人员，只需前期支付一次性的项目实施费和定期的软件租赁服务费，即可通过互联网享用信息系统。服务提供商通过有效的技术措施，可以保证每家企业数据的安全性和保密性。企业采用 SaaS 服务模式在效果上与企业自建信息系统基本没有区别，但节省了大量用于购买 IT 产品、技术和维护运行的资金，且像打开自来水龙头就能用水一样，方便地利用信息化系统，从而大幅度降低了中小企业信息化的门槛与风险。

信息产业和人们的生活越来越密切，计算的信息范围也正在不断扩大，企业和个人都在逐步接受这一改变。

行动指南

拥有超前意识，计算才会更加深入。

星期四 风水轮流转

"中国讲信息化是一个十分科学的概念，信息不仅仅是技术，不仅仅是产业，其实是推动了、融入了整个的工业，信息化推动工业化。另外，过去的 30 年，美国可能是信息技术和产业的中心，在下面的五年、十年、三十年，中国会成为新的中心，我比较中庸，并不认为美国会在地球上消失，世界会更加多极化，大家可以合作，可以共赢。"

——张亚勤 2008 年 6 月 18 日在第六届中国软交会的演讲

背景分析

2008 年金融危机中各个国家的表现，已经反映出世界经济开始朝着多极化发展。尽管美国依然是全球第一大经济体，但不断崛起的俄罗斯、中国等开始掌握部分话语权，开始在经济世界中占据巨大的比重。

2008 年以来，在中国信息化越来越被重视，在人们的日常生活中也越来越起着重要的作用，并且推动了工业化的发展。信息化曾经让美国成为技术和产业的中心，但是事物是运动发展变化的，曾经的中心在未来未必还是中心，而由于信息化对中国的推动，新的中心将可能会产生。世界正在向着多极化的方向发展，想要独占世界的可能将会越来越小，全世界各国应当参与到合作共赢的计划中来。

行动指南

世界在向多极化发展。

星期五　润物细无声

"今天，我们的创新成果已融入并覆盖微软所有重要的产品，如 Windows、Office、Windows Server 系列产品，'必应'搜索引擎、Xbox 及 PC 硬件系列产品，Windows Phone 和 Windows CE 等。"

——张亚勤新浪博客《新年新征程——写在"微软（中国）研发集团"更名之际》一文

背景分析

2010 年微软（中国）研发集团正式更名为微软亚太研发集团，当前软件和互联网正成为全球高科技产业发展最主要的推动力之一，各国都非常重视相关领域的创新与发展。张亚勤表示："近 20 年来，微软在中国及亚太区的持续投入和长久承诺，为微软亚太研发集团的发展奠定了坚实的基础。人类正不断探索未知的世界，软件的边界不断扩展，研发的工作也较以往更具挑战性。在追寻人类深邃智能的旅程中，我与我的团队，期望能将杰出的人才汇聚在一起，共同开启未来的闸门，为科技的蓬勃发展贡献力量。"

微软亚太研发集团专注的创新领域包括互联网技术、移动通讯和嵌入式系统、服务器与云计算、数字娱乐和新兴市场等 5 大方向，为应用信息技术，帮助企业和个人发挥最大潜力而不懈努力。微软亚太研发集团的创新成果已融入并覆盖微软所有重要的产品，如 Windows、Office、Windows Server 系列产品，"必应"搜索引擎、Xbox 及 PC 硬件系列产品，Windows Phone 和 Windows CE 等。微软公司正在北京中关村投资兴建微软亚太研发集团总部园区，将于 2010 年底投入使用。

行动指南

扩张都是慢慢展开的，需要的是随风潜入夜。

星期一　跳出框框

"如果你都可以想象一二十年后会怎样，你岂不是很 boring（无聊）？"

——张亚勤2009年3月18日接受《中国经济周刊》采访

背景分析

2004年，张亚勤从技术岗位转向商业岗位。他从被戏称为"黏在骆驼上的蜗牛"的微软 Windows Mobile 部门走出来，和全球的电信厂商接洽谈判。为了推广 Windows Mobile 手机，内敛的他，在微软的年会上，居然跳上桌子号召大家使用 Windows Mobile 手机。这个从上到下的重视，让 Windows Mobile 手机在三年后，占据全球智慧型手机操作系统四分之一的占有率。

2006年，张亚勤又从商业岗位转往管理岗位。他成立微软（中国）研发集团，旗下拥有打败棋王的许峰雄、帮贝尔实验室创造出现在全球通用手机通讯标准的宋平、帮微软做出语音辨识系统的洪小文等。这是一群聪明人的聚集，要管好一群聪明人太难了，但张亚勤却管理得游刃有余，他说："自己最重要的工作，就是让路给他们。"

如今的张亚勤已经是微软公司全球资深副总裁、微软亚洲研发集团主席，微软（中国）有限公司董事长，再也不仅仅是当年的那个首席科学家，这一切的转变都不是张亚勤事先设定好的，而是顺应社会，技术和企业的发展过渡来的。

行动指南

人生的兴奋在于未知，跳出自己原来的框框吧！

星期二　危机下重新审视自己

"目前金融危机对各国实体经济的影响仍在继续，很多企业乃至产业都备受冲击。以我所在的 IT 业为例，在经济发展放缓的大背景下，企业的 IT 部门往往被要求削减 IT 预算，而消费者对购买电子产品也持更谨慎的态度，这就使今年第一季度的全球 IT 市场明显较往年更低迷，包括硬件、软件、IT 服务和电信四大市场都出现了不同程度的业绩下滑。而且这种状态可能还会持续很长一段时间。但经济的萧条也为企业提供了一个审视自身的机会。"

——张亚勤新浪博客《博鳌归来谈感受之二：IT 是走出危机的重要引擎》

背景分析

在金融危机这种情形之下，一直专注于业务扩张的企业终于有理由回归基本面，去重新思考企业架构是否合理，用放大镜去考察核心业务的每个环节是否完善，去研究如何节省成本；同时，也有机会去制定长远的战略，用望远镜去眺望走出低迷后的持续发展的可能性。

诚如美国无线电公司，在上个世纪的"大萧条"时期它的股价一度受到重挫，但它并没有减少对创新的投入，并敏锐地将专注的重点由无线电转向新生的电视机市场，终于在 1934 年恢复了盈利。正如比尔·盖茨所说，经济危机对弱者是危险，对强者是机会。如果能发现和把握机会，企业就能跑得更快、更远。所以企业不应该浪费任何一次经济危机，而是要以变化去应对变化。

行动指南

危机中重新审视自己的战略和定位，才能驱散严冬里的寒意。

星期三　写本书总结一下

"源于归国十年来的点滴积累，集结成书的《变革中的思索》，日前由电子工业出版社刊印出版。这本书共有五个章节，分别是解码创新、中国智造、管理心得、我和微软、心灵记忆。前三章偏重技术，更多理性的思考；后两章则是工作生活中的所见所闻，是感性的记录。"

——张亚勤新浪博客《源于十年来的点滴积累》一文

背景分析

张亚勤写的《变革中的思索》一书中收录了他多年来在 IT 研发、产业趋向及企业管理等方面的思考和心得，展现了他对创新的理解，以及对当下的中国乃至全球 IT 产业界共同关心的热点问题的独到分析，并且还分享了他人生路上的点点滴滴。他所走的每一步，都深深印上了中国的烙印。这本书应该能对读者有所帮助——特别是 IT 产业的同行、有志于在信息科技领域大展宏图的年轻人以及关注中国经济和科技创新的朋友们。

技术人员一定要看看这本书，因为这本书是技术出身的张亚勤对自己至今的职业生涯的一个分析和总结。

行动指南

把自己理解的、了解的，都沉淀一下给后人以帮助。

星期四　打造 IT 人的黄埔军校

"首先，我觉得我们很幸运能汇聚这么多一流的人才，如果看一下，我们在国内所招的不管是毕业生也好，还是从产业来的也好，都是一流的，很聪明，而且对技术充满了热情。另外我们在全球范围内也汇聚了很多领军性的人物，包括科学家，包括产品的架构师，这给微软的发展，给我们的创新提供了很多最重要的基础和条件。我们现在其实也很幸运，来到我们微软的人，出去的人相对还是比较少的，我倒希望能多出去一些，我希望能把微软 （中国） 研发集团打造成为一个像黄埔军校那样的，希望有很多的人能成为中国软件产业里领军的人物。"

——张亚勤 2008 年 7 月 26 日做客凤凰卫视 《财经点对点》 的发言

背景分析

"宁为鸡首，不为牛后"，这是中国几千年来职场上一直存在的一种现象。其实这也算是另一种不甘为人后，追求自由的观念。与其在大范围里面受制于人，还不如在小范围里自由自在任凭自己支配。张亚勤说："微软里面有很好的条件，很多人都没有离开，但是还是希望能有人走出去，而不是仅仅待在微软里面，因为走出去的未必就比不上待在里面的，走出去的世界其实才更大。"

新中国的十大元帅大将当中不乏出自黄埔军校的学员，如林彪、叶剑英等，张亚勤说希望把微软建成软件产业的黄埔军校，也意味着他是希望

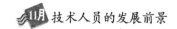

能够培养出一批开启新纪元的人物来，建立更多更有前景的软件王国，领军中国软件产业。

行动指南

培养人才，开启新纪元。

星期五　如何才能创新

"中国的国力已经到了一定程度，是开始加大对技术创新的投入，特别是在基础研究领域投入的时候了。过去我们更多靠的是制造，靠的是基础设施建设。但是实现真正的持续增长，单靠这个是不够的。"

——张亚勤 2009 年 11 月 25 日接受《中国新闻网》采访

背景分析

迄今为止，依靠技术创新保持长久竞争力的中国企业仍然乏善可陈，主要源于中国的商业兴起时间不长，相对创新性人才还比较缺乏。我们的企业所擅长的商业模式创新，也往往是因循国外已有的商业模型。不同的是，他们可能比国外前辈更为成功。同时值得他们忧虑的是：他们自己正在或即将遭遇复制。

光靠基础设施来实现持续的增长是不够的，创新一直是一个问题，其实创新不应该只停留在技术创新，人才培养机制的创新，管理机制、工作机制的创新等，都是可以进行实施的领域。中国制造已经在国际上深入人心，接下来要做的是把中国创造的理念做一个深度开挖，让中国真正步入创新促发展的行列之中。

行动指南

深度挖掘，持续创新。

星期一　看"雷人"提案

　　"一个"雷人"的提案要把网吧关掉。我严重不同意!!! 互联网只有走向更开放＋更包容＋更透明＋更市场化。"

　　——张亚勤新浪微博

背景分析

　　这是张亚勤在两会期间听到的一些提案中的一项，确实很"雷人"。中国目前尚未发达到不需要网吧的地步，PC 和网络还没普及到中国的每家每户。更多的人想要了解外面发生的事情，除了报纸广播，还有就是互联网。互联网是一个开放的平台，网吧的兴起也是互联网产业在中国发展的必然结果，关闭网吧某种程度上说只会是因噎废食。

　　在北欧的一些国家，全国最大的网吧只有 20 台左右电脑，那是因为在北欧国家网络极其普及，带宽也足够，家家都有电脑，根本不需要去网吧，而在中国现在根本达不到这种程度。我们不能因为网吧的存在引发了一些负面的效应，而就此认为必须关闭网吧。就好比有人用菜刀杀人了，我们就不再生产菜刀，这是同一个道理。

　　互联网的本质就是开发和共享，互联网是信息传递更加方便快捷的一个平台，关闭网吧这种提案不可取。

行动指南

学会互联网的本质，包容和共享。

星期二　不止在技术领域

"我不认为比尔·盖茨是位传统意义的科学家，他对产品本身、产品架构、产业发展方向甚至对代码都十分的了解。我觉得他是一个战略家，对以后产业五到十年的发展有自己独到的见解。他能把对市场的感觉以及对技术深入的理解，很好地融合在一起，我觉得这是微软的幸运，也是我个人的幸运。"

——张亚勤 2006 年 12 月 19 日接受《中关村在线》采访

背景分析

比尔·盖茨是技术出身，但他不仅仅局限于技术这一块领域，而是朝着很多方向上去发展。从技术到战略，比尔·盖茨做出了一个转变的优秀典范，技术人员发展前景可以是继续在技术上面，也可以是在市场上面，各个方面都可以是技术人员发展的方向所在。比尔·盖茨只是在一种身份上做了一种市场兼技术的转变，而且很成功。跨多领域的研究对自身，对企业的发展都是有好处的，可以触类旁通，融会贯通，跨学科、跨领域的研究是必然的趋势。从某种程度上说，比尔·盖茨是一位难得的天才，能在各个领域都有所钻研。

这不代表所有技术出身的都可以复制这条路，但是依旧有别的许多条路可以走。每个人都有自己的特点和自己擅长的领域及方向，作为技术人员其实发展的空间更广阔，这一点从张亚勤和比尔·盖茨身上我们就可以发现。

行动指南

有技术作为基础，往哪个方向走都不要怕。

星期三　微博的生命力

"有媒体朋友问我对微博在中国怎么看：我很看好，原因是它结合了短信、E—mail 和社区的优点。在中国还是会很有生命力的。"

——张亚勤新浪微博

背景分析

微博，一个刚刚兴起的互联网新生事物。哲学上讲新生事物总是要经历一个艰难的过程，微博应该也不例外。张亚勤自己也注册了微博账号，随时在上面和大家分享其生活中的一点一滴。

三言两语，现场记录，发发感慨，晒晒心情，微博打通了移动通信网与互联网的界限。相比传统博客中的长篇大论，微博的字数限制恰恰使用户更易于成为一个多产的博客发布者，著名流量统计网站 Alexa 的数据显示，Twitter 日均访问量已近 2 000 万人次，在美国、英国、加拿大等地的网站排名中均列前 15 位。

微博，相对于强调版面布置的博客来说，微博的内容组成只是由简单的只言片语，从这个角度来说，对用户的技术要求门槛很低，而且在语言的编排组织上，没有博客那么高；第二，微博开通的多种 API 使得大量的用户可以通过手机、网络等方式来即时更新自己的个人信息。微博可以说是人类天生的"传播欲"与 Web 2.0 时代到来后科技的完美结合，在中国这么一个人口众多，发展迅速的国家，应该是充满了生命力的。

行动指南

中国这块土地很适宜新生事物的发展。

星期四　我们只是个平台

"在微软的移动战略中，有一点很重要，就是微软是扮演一个平台供应商的角色，我们要专注于自己的平台，我们要和手机制造厂商、芯片制造厂商、电信运营商等一起，共同打造一个全新的智能通讯产业链。"

——张亚勤 2006 年 12 月 19 日接受 《中关村在线》 采访

背景分析

在谈到 Windows Mobile 5.0 系统时，张亚勤表示，他对 Windows Mobile 操作系统有着很深厚的感情。因为他在 2004 年、2005 年曾经带领一支很大的团队，开发出了 Windows CE 5.0，Windows Mobile 5.0 这两个产品，而这两款产品奠定了微软在移动嵌入式领域成功的基础。

张亚勤说："我们认为手机系统会越来越开放。很多新的应用，比如 OutLook、Windows Media Player、Office 等都会在手机平台得到进一步应用，我们在整体应用上也会加入很多新的功能。"Windows Mobile 5.0 将支持 3G 及 3G 之后更加强大的通信网络，如 HS-DPA 网络等。而且微软在这个平台上面，也会提供很好的开发工具，这些开发工具将使数百万的程序员受益。

另外，他还认为手机系统也会和 PC、互联网以及其他的平台更好地整合。它会和互联网的发展同步，像很多 Web 新技术，不管是 Web 2.0 也好、Web 3.0 也好，都会得到很好的支持。接着张亚勤向大家总结了 Windows Mobile Web 5.0 的三大特色，即功能强大、内容丰富与完全开放的平台。

行动指南

给他人提供平台，共同打造未来。

星期五　中国的要求

"为了建楼这件事，我总共给比尔·盖茨和鲍尔默写过10封电子邮件，他们就同意了。"

——张亚勤 2010 年 4 月 8 日接受 《第一财经日报》 采访专访

背景分析

这是微软首次在海外买地盖楼，在张亚勤看来，比尔·盖茨之所以愿意高调投资中国，一方面是微软已经从一个以美国为中心的公司变成一个全球化的公司，60%的雇员都在美国以外工作。另一方面他也认为比尔·盖茨认可了中国人才的贡献，因为 10 年前他来中国的时候只是看到了学生们的潜质，但现在却看到了实力。而且，张亚勤认为中国人在微软公司的话语权正在加重，我们的建议更加重要了。

其实，从 2006 年开始，比尔·盖茨感觉到，微软公司 60%的收入已经来自海外，变成了真正的全球性公司，因此，不用再排斥在海外进行固定资产的投资。至于只用 10 封电子邮件就搞定了盖楼一事，充分说明了张亚勤提到的，中国人在微软的话语权加重。

不只是在微软，在世界的任何一个角落都可以看到中国人的身影，中国人在全球一体化的发展中发挥着越来越重要的作用。

行动指南

用实力来让上司批准你的要求。

星期一　重要的是兴趣

　　"我自己并不是一个很有规划的人，而是比较感性，常常跟着感觉走的。但是我觉得学生时代应当保持广泛的兴趣，对自己的学科、旁的学科都可以看看，各种讲座都可以听听，这会对未来自己的发展有益处。"

　　　　——张亚勤2010年4月23日回答中学生提问

背景分析

　　这位中学生问张亚勤高中时应怎么做好个人规划？殊不知张亚勤小时候连续跳级，高中对他来说也只是几个月的时光，不能算是有完整的高中生涯，然后就进入了大学，而且这对于当时的张亚勤来说，这应该不是他自己规划的。面对这些高中生的提问，张亚勤没有具体阐述高中应当如何过，而是说了学生时代应当如何度过。保持广泛的兴趣，并不只是对高中生的建议，更是对所有学生生涯的一个提示。

　　兴趣是人们积极探究某种事物或从事某种事物活动的意志倾向，是人们认识事物所需要的情绪表现；是动机中最积极最活跃的成分。学习兴趣是和情感相联系的，它是学生学习活动中最现实、最积极的心理成分；是学习动机的最重要组成部分；是推动学生努力学习的强大动力。有学习兴趣的学生具有探求知识的热情，就会发挥自己的积极性和主动性。通过平时的关注和积累，最终从量变到质变。

行动指南

凭着感觉走，随着兴趣走。

星期二　工程师的青春

"有几个因素，一是中国、一是研究、一是比尔·盖茨。比尔·盖茨在我的心目中一直是高科技和微软的象征。我有一次跟他开玩笑，我加入微软的时候是 32 岁，在微软做了差不多 10 年，我跟他开玩笑说：'我在微软做了 10 年，把我的青春贡献给微软了。'盖茨说：'我也一样，把我的青春也贡献给微软了'。"

——张亚勤 2008 年 6 月 25 日接受《腾讯网》科技频道采访

背景分析

说到张亚勤在微软工作 10 年，不禁想到 FT 中文网上薛莉曾经有一篇文章阐述说，中国人在外企工作，待满两年就算老人，待满 5 年算是牛人，待满 10 年的，绝对可以被称为仙人，照这样说法，张亚勤可以算是一个仙人了。

张亚勤于 1999 年进入微软，和李开复一起创立了微软（中国）研究院，并把微软（中国）研究院从最初的十几人发展壮大到如今的上千人的超大规模。张亚勤把自己的青春都贡献在了微软的研究和建设上面。猜想张亚勤在选择微软的时候，更多的还是抱着一种学习和研究的心态进去的，毕竟是搞研究出身的人，很大程度想去最好的技术公司。张亚勤进微软还有一个原因是因为偶像效应，其实在每个人心中都会有一个偶像，而比尔·盖茨就是张亚勤的偶像，这个偶像最后也成为张亚勤的导师。

正是有着这样跟随偶像的信念，工程师出身的张亚勤才能够在微软一待就超过 10 年，并且在微软里面硕果累累，一路从首席科学家荣升至微软研发集团主席。

行动指南

跟随楷模，奉献青春。

星期三　工程师的盛会

　　"作为一家从事软件的企业，科技人才始终是我们持续发展的潜能和动力，通过我们共同的努力，我们融合软件和互联网的神奇魅力，我们希望能够创造出更多激动人心的科技体验。也正是基于这样一个理念，微软始终关注和 IT 专业人士及开发人员的交流和沟通。并致力于与业界伙伴合作，为 IT 专业人士提供所需的工具、技术服务和培训。"

　　　　　　——张亚勤 2008 年 11 月 10 日在 Tech·Ed 2008 上的演讲

背景分析

　　作为中国乃至亚太地区规模最大的技术教育大会，Tech·Ed 2008 与 IT 业界人士一起展现和分享最前沿的产品、技术、解决方案和成功实践，凭借丰富多彩的内容，深入和专注的互动讨论，精彩的 DEMO 和体验，Tech·Ed 2008 与 IT 同仁共同演绎了一场充满激情与梦想的精彩表演！微软在 Tech·Ed 2008 上进行三个重量级的最新技术发布：1. 微软的虚拟化解决方案通过应用端到端虚拟化战略可以对 IT 基础结构管理生命周期的每个方面产生深远的影响。2. Microsoft SQL Server 2008 为企业解决数据爆炸和数据驱动应用提供关键技术支撑，并描绘微软数据平台概念的愿景。3. Microsoft Windows HPC Server 2008 为主流高性能计算带来了一股新的力量，其统一的管理部署界面帮助大型、小型计算机群集有效降低部署的复杂度，并且提供了一个全新的简单高效的管理体验来提升群集管理员的工作效率。

　　在全球商业多元化快速发展的今天，IT 行业无疑是实现和加速这种快速发展的最为关键的原动力。Tech·Ed 不仅是一场揭示 IT 行业风向标的演讲，更是一个 IT 业内同仁交流的平台；依托 IT 行业自身强大的凝聚力，Tech·Ed 2008 以"进享未来、连享未来、创享未来"为主题，与企业、IT 专业人员和开发人员等业内同仁一起描绘了 IT 产业宏伟蓝图。

行动指南

专业人员一起沟通与交流，充满活力。

星期四　产业核心

"IT 这个产业尽管很复杂，但有两个最重要的核心元素，IP 是你的创新，IQ 是最聪明的人才。"

——张亚勤 2007 年 12 月 21 日接受《北京青年报》采访

背景分析

雇最好的人，是张亚勤独特的人才管理理念。他曾经说："我希望能给这些聪明人充分的自由度，发挥他们的智慧。"一次，微软人事部在浙江大学发现了一个非常优秀的学生，但这名学生因为不愿意离开南方去北京工作，于是张亚勤就亲自做起了思想工作。张亚勤从微软的文化，微软（中国）研发集团的前景，一直谈到人生理想，短短一个小时吃早餐的时间，张亚勤就收编了这匹"千里马"。与其他管理者不同，张亚勤本人就是一个享誉世界的科学家和研究员，在卫星通信、网络、数字媒体以及多媒体技术方面颇有建树，在美国拥有 60 多项专利。

作为过来人，张亚勤也对中国的在校大学生提出一些自己的建议，"我觉得有几个方面需要改进，当然也并不是说所有的大学生，我说的是一部分的大学生，首先我觉得他们需要更多的好奇心，不仅仅问 how，还要问 why，特别是中国学生的创新能力；其次我们的大学生可能需要更多的理想主义，现在我们整个社会处于转型时代，可能股市有泡沫，房地产有泡沫，人心也有泡沫，整个社会存在着一种急功近利的心态，这在大学里也有一些反映。建议我们的大学生在选择专业的时候，考虑自己未来发展方向的时候，要敢于有梦想，需要更多理想主义的精神。"

行动指南

创新和人才是决定未来的关键。

星期五　大学与市场

"学校教育培养不出项目经理。"

——张亚勤 2007 年 12 月 21 日接受《北京青年报》采访

背景分析

有研究人士分析印度在过去的 10 年间成为软件出口大国，其主要原因之一就是建立了若干信息技术学院、软件技术学院、高级信息技术学院，培养和造就了大量软件高级人才和软件工程师。但在中国现行的教育在一定程度上出现了人才金字塔的断层，面对人才金字塔"塔身断层"的现状，近几年来，软件工程硕士即 MSE 也走进了软件人才培养体系。这是汇集了信息技术、计算机学科、管理学科、市场营销学科的交叉学科。MSE 和 MBA、法律硕士一样，是国内最近几年从国外引进的一种学位，目的即是面向产业和市场，培养高层次的实用型、复合型、国际化的软件技术开发、应用和管理人才。

据了解，目前因为高校更注重基础教育的普及，它的目标跟市场目标不一样。中国软件外包供应商几乎百分之百都有自己的培育学校，其根本目的就是解决大学毕业之后如何融入企业、进入市场。同时我国的高等教育也应该反思，从企业实际出发，进行人才培养，更好地为企业、为社会输送优秀的人才。

行动指南

人才培养不能盲目，要以市场为导向。

DEC
12月
职场人才观

星期一　激情，心态，精神

"我一直觉得，绝大多数人在智力上的差距是微不足道的，所以真正重要的是如何用好自己的聪明才智。我们处在一个快速发展、变动不居的时代，可以说今天的大学生们拥有太多前所未有的机遇。要把握住机会取得成功，我希望大学生们不仅要拥有一份对未知的好奇心，一份不断探求的激情，更要脚踏实地地打好基础。最重要的是还要保持良好的心态，即胜不骄、败不馁的坚韧精神。"

——张亚勤2007年12月21日接受《北京青年报》采访

背景分析

微软倾心于最优秀的人才，只有最优秀的人才才能开发出最优秀的产品出来。要能出好的产品，必须有对未知的好奇、探索的激情和良好的心态。良好的心态不止针对个人，还适用于企业。

企业要保持良好心态，不得不说微软的2007年。2007年是微软的一个大的波动点，这一年Windows Vista正式向普通用户发放，但是由于这款操作系统占用内存太多，而且诸多功能对于普通用户来说，都处于一个鸡肋甚至无用的边缘，很多用户都很不愿意使用这一款操作系统，甚至换回原先的XP系统，算是微软史上一个败笔了。Vista还是微软史上隔时最久发布的一款操作系统，距上一个版本XP五年之久，时间成本花了不少，却没能带给微软应有的效果。但微软保持了良好的心态，重新审视自己，

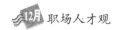

从用户层面出发，在 2009 年成功推出 Windows 7 这一好产品来。

行动指南

21 世纪最重要的是什么？人才。

星期二　天时地利人和

"整体而言，我们现在确定了研发的 5 大方向，即：移动通讯和嵌入式系统、互联网技术产品和服务、数字娱乐、服务器和工具以及新兴市场。就研发机构布局而言，选择北京、上海和深圳三地，主要考虑到人才、市场和客户等多种因素。北京和上海是人才最集中的地方，深圳的客户和市场因素更重一些。我们不会刻意地要求每处都必须开展 5 个方向的研究，而是要考虑到各研究机构的特点。同时还要根据以后发展的情况，不断进行调整。"

——张亚勤 2007 年 5 月 15 日接受《人民日报》采访

背景分析

这是张亚勤对记者关于微软（中国）研发集团今后的研发重点以及北京、上海、深圳三地之间是否会有研发侧重点的划分时的回答。

微软选择中国作为其海外最大的研发基地，可以说是因为中国具备了微软海外研发的诸多有利条件，所谓天时地利人和，这三者在中国全都具备了。天时，中国改革开放政策的实施，给更多外企有了生存发展的机会；地利，深圳，上海，北京等大都市的各项条件和设施都能够很好地满足在那里工作的人员；人和，中国是全世界人口最多的国家，教育水平正蒸蒸日上。

中国地大物博，每个城市都有自己的特色所在，北京和上海作为国内知名高校最多的两个城市，人才的优势更是凸显无疑，是给微软在中国的

研发提供了充足的人才储备。深圳作为一个与外界沟通交流的窗口，又是全国经济中心城市、国家自主创新城市、具有中国特色社会主义示范城市和国际化城市，拥有庞大的客户群，其得天独厚的市场优势更是无与伦比。

行动指南

中国有着充足的人才储备。

星期三　不尝试就是失败

"那些敢于去尝试的人一定是聪明的人，他们不怕输，因为他们即使不成功，也能从中学到很多东西；不去尝试的人才是绝对的失败者。"

——张亚勤2007年5月15日接受《人民日报》采访

背景分析

美国的一位名叫乔治·赫伯特的推销员，他得知总统在德克萨斯州有一个农场，里面长着许多树，于是他写信给总统说："有一次，我有幸参观您的农场，发现里面长着许多矢菊树，有些已经死掉，但从您现在的身体状况来看，您那把小斧头不适合砍伐枯树，因此您需要一把更锋利的斧头，现在我这儿正好有一把这样的斧头，很适合砍伐枯树，假如您有兴趣的话，予以回复。"最后总统真的给乔治汇了15美元。

把斧头推销给总统，许多学生都认为是不可能的，因此知难而退；个别学员认为这道题根本不会有结果，因为现在的总统什么都不缺，退一万步讲，即使缺少，也用不着自己购买，然而乔治·赫伯特却去尝试，得以成功。布鲁金斯学会得知后，把刻有"最伟大的推销员"的一只金靴赋予了他。

不尝试就是失败，张亚勤很多时候也是在尝试，从技术岗位到市场岗位是尝试，从市场岗位到管理岗位也是尝试。正如他所说的那样，如果不

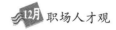

去尝试就先失败了。

行动指南

成功往往就藏在尝试的背后。

星期四　必备素质

"软件专业的学生要具备四方面素质：一是要掌握最简单的知识，因为软件理念是建立在基本模块上的。二是要有团队合作精神，中国IT业有很多聪明年轻的人才，但团队合作精神不够，所以每个简单的程序都能编得很好，但编大型程序就不行了。微软开发 Windows XP 时有 5 000 名工程师奋战了两年，有 5 000 万行编码。软件开发需要协调不同类型、不同性格的人员共同奋斗，缺乏领军型的人才、缺乏合作精神是难以成功的。三是要有激情，要热爱计算机、热爱软件。不热爱是难以坚持长久的。四是要有长远的眼光和开放的心态，理解、跟踪全球的技术标准，而不是仅仅局限在中国。同时要学会和不同的人相处，这是一个人能否成功的关键。"

——张亚勤新浪博客《南航天下之江宁篇》一文

背景分析

唐骏曾在 2002 年说，微软（中国）明确了自己在未来三至五年的奋斗目标：成为中国市场最受尊敬的企业、最受信赖的合作伙伴和良好的企业公民。我们也希望通过我们的努力与中国软件产业共同成长，使微软（中国）在三年内成为微软在亚洲最大的子公司，用五年的时间，将微软（中国）带入微软全球八强。这不是唐骏作秀的表现，微软（中国）在接下来的时间里，确实做到了不断超越，不断领先。

在微软这个企业的人才当中，软件专业毕业的学生应该是最多的。张亚勤要求这些人需要掌握最简单的知识，因为没有良好的基础，一切理念都只是空中楼阁。而团队合作精神，更说明了单丝不成线，独木不成林的道理，在微软这样的大企业里面，是非常需要团结的力量的。激情，更是做一切事情的动力，没有激情，就只能碌碌无为，毫无起色没有进步。而且要有长远的眼光和开放的心态。

行动指南

想选择软件专业，首先看一看上面四点。

星期五　员工很关键

"中国最丰富的资源是人才很好找，这点领先于世界。微软通过这么多年的发展，也有了许多的积累和经验，和高校也有许多的合作关系，当然，今后也会有更多的合作，并吸引更多的合作。一直以来，微软的薪水都是很有竞争力的。"

——张亚勤 2006 年 1 月 19 日接受《新浪网》科技频道采访

背景分析

在对人才重视上中国有很多典故，其中一个就是三顾茅庐：东汉末年，刘备攻打曹操失败，投奔荆州刘表后，得知"伏龙"诸葛亮隐居在襄阳城西二十里的隆中，便专程到隆中去拜访。头两次诸葛亮避而不见，第三次才亲自出迎，就在茅庐中和刘备共同探讨时局，分析形势，设计如何夺取政权统一天下的方略。同时诸葛亮深为刘备三顾茅庐的诚意所打动，答应了帮助刘备。此后，诸葛亮成为刘备的主要谋士，帮助刘备东联孙吴，北伐曹魏，占据荆、益两州，北向中原，建立蜀汉政权，形成与东吴、曹魏三国鼎立的局面。

刘备在无诸葛亮之前脚无寸土，拥有诸葛亮后逐渐拉来团队，最后形

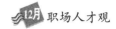

成三国鼎立，充分地说明了人才的重要性。微软在中国也意识到了这一点。微软很重视员工的工作氛围，微软所有办公室都是透明的，门都是打开的，楼层比较低矮，是一种很开放很轻松的工作氛围。微软的职工，每个人拥有自己的一间办公室，每一间的面积都差不多大小，并且可以自己装饰，任何人无权干涉。

行动指南

关注员工，就是关注企业核心竞争力，微软是个好榜样。

星期一　多方面引进人才

"一方面我们在海外大量吸引领军人物，因为中国软件行业发展比较年轻，很难找到合适的。所以，我们从总部找了很多有经验的研究人员，约占总数的10%左右。另一方面，在国内我们和20所大学合作，有联合实验室、联合工程创新中心、实习生等计划。我们成长得太快了，会有成长的烦恼，如何让这些大学生很快上手参与软件开发，不仅学到技术，还能学到文化和方法？我们现在有很多项目。例如轮岗制度，把美国有经验的人调到中国工作3到6个月，这是'马可波罗'；把国内的人派到国外工作一段时间，这叫'丝绸之路'计划。此外，我们有导师制度，每个人到公司来会给他安排一个老师，解决包括技术、个人成长等各方面的问题。"

——张亚勤2009年3月28日接受《育龙网》采访

背景分析

谈及具体的人才培养计划，其实我们可以看到，危机时刻是人才结构调整的好时机，一方面，可以有时间加强内部员工的培训和提升，另一方面提供了更多吸纳外部顶尖人才的机会。从人才分布结构上来讲，更多富有才华的人将从追求高风险、高回报的金融行业转向代表未来趋势和热点的基因工程、信息技术和清洁能源等领域，未来的几年可能会被证明是新兴行业加速崛起、成果丰硕的时期。

2009 年微软最引人瞩目的一件事莫过于其新一代操作系统 Windows 7 的全面上市，并赢得了诸多好评，挽回了其因为 Vista 而带来的声誉和市场方面影响。新版的搜索引擎 Bing 的推出也让微软在搜索引擎领域也占得一席，为挑战 Google 增添了信心。从张亚勤的话语里面也看得出来，由于中国软件行业的年轻态，微软主要的人才还是来自海外，在国内微软主要还只是和一些高校通过各种合作方式来达到培养人才的目的。再加上"马可波罗"和"丝绸之路"，这两方面的结合，可以保证微软的人才可以源源不断，生生不息。

行动指南

获得人才的途径是，既要寻找人才，同时还要培养人才。

星期二 选人之道

"人们常常会问，我们选人的标准是什么？我想首先是：诚信——品行和性格。我观察了很多人，有一些人IQ很高，有一些人很会表现自己，但是诚信这个东西可能从 5 岁左右就成为'操作系统'或者说是硬件，很难改变。然后是判断一个人的潜力，很重要的一点就是看他有没有信心。我常常开玩笑说：成功 =IQ+EQ+ 阿 Q。我

觉得很多时候心态和幽默感也是十分重要的。除了正向选择之外，我们还可以通过淘汰制来选择人才。要建立一个健康发展的团队，我们要努力避免三种人：第一种人是双面人，就是遇到不同的人说不同的话的人；第二种人是负面人，这些人总是在抱怨，总是觉得怀才不遇，这样的人一定要清除出团队；第三种人是玩世不恭的人，这样的人总是很自负，一般都是相当聪明的人，但是这些人对什么也不喜欢，对什么也不痛恨。"

——张亚勤2008年12月22日在微软（中国）研发集团领导力拓展峰会上的发言

背景分析

成功 =IQ+EQ+ 阿 Q，这里面的阿 Q 其实就是指心态，智商加上情商，再配上心态这样的完美组合，才能在职场上立于不败之地，才能在职场上顺风顺水。

管理是实践的艺术，具有不可复制性。但是，为人统帅有基本原则，选拔人才也是有共性可循的。张亚勤说："微软选人，诚信第一，信心第二。"看风使舵的人，心态消极的人，玩世不恭的人是不得进入微软的，如若发现立即清除。可以看出很多企业选择人才的标准对一个人的诚信很看重。中国古代哲学家认为诚信是人的修身之本，也是一切事业得以成功的保证。《河南程氏遗书》卷二十五云："学者不可以不诚，不诚无以为善，不诚无以为君子。修学不以诚，则学杂；为事不以诚，则事败；自谋不以诚，则是欺其心而自弄其忠；与人不以诚，则是丧其德而增人之怨。"说明"诚"对于做人、做事是何等的重要！

行动指南

选择什么样的人，带来什么样的结果。

星期三　保持乐观

"美国学者 Paul G. Stoltz 曾经提出"逆商"（AQ, Adversity Quotients）这个概念，是指人们面对逆境时的应对方式，是衡量某人在挫折面前解决麻烦、超越困难的能力的一个标准。逆商高的人往往拥有远比一般人强的韧力和乐观精神。企业在发展过程中，总会遭遇到外部经济环境的变化和企业自身战略的调整。作为企业领袖，对产业的发展要有长远的眼光，根据变化做出应对。辉煌时不浮躁，遭遇逆境时保持信心。"

——张亚勤新浪博客《博鳌归来谈感受：逆境中的领导力》一文

背景分析

2009 年的博鳌亚洲论坛主题为《经济危机与亚洲：挑战与展望》。这个主题是对动荡和不平静的 2008 年的一个总结和对 2009 年的展望，与会者就如何应对当前国际金融危机下亚洲所面临的挑战、如何寻求金融创新，开放与监管的平衡及对 2009 年经济形势发展趋势的展望等问题进行探讨和交流。

面对 2008 年的挫折，张亚勤提到了"逆商"这个概念，这也是一个人在企业面临困境之时需要的一项基本素质。胜不骄，败不馁，这才是一个领导者应有的精神面貌。乐观和坚韧是领导者扭转困境、走向成功的关键。"韧"代表了坚忍不拔的精神和良好的心态，要有持久坚持的毅力。闲谈莫论人非，静坐常思己过。在职场上，应该保持一颗平静的心，戒骄戒躁，遭遇困境保持乐观，才能扮演好一个领导者的角色。

行动指南

始终用乐观的心态面对困难。

星期四 这不是应有的教育

> "如同凌志军先生在《成长》一书里所说，现在教育体制有点像流水线，通过标准化、应试化的机制，消磨了孩子们不同的个性和创造性。这是非常可惜的。而各种名目繁多的竞赛也让孩子们为了获奖而去学习，这种功利性色彩太多的奖项对他们的成长并无太多益处。"
>
> ——张亚勤新浪博客《我对中国教育和科研的一点思索》一文

背景分析

张亚勤是个神童，当然当年一起的很多都是神童，然而当年和他一起的几个最出名的神童已经归于平淡。也因为当年风靡的神童热，曾经的神童宁铂在央视的《实话实说》节目中炮轰所谓的神童教育，认为这是扼杀儿童不成熟的心智的一种行为。中国现存的教育体制确实存在了一些弊病和缺陷，过早地摧毁了儿童幼小纯真的童年，更加让诸多家长的子女天才梦泡汤。

中国的少年参加一些如奥林匹克竞赛总是能拿到不错的名次，但是最终能在这些领域沉淀下来，真正在这些领域成为科学家的，作出贡献的又能有多少。中国的教育体制有待修正和完善，在幼小的心灵里面不应该过早地灌注功利性的色彩。

在国外，很多小孩在年幼的时候看似很贪玩，不喜欢学习，但是他们在玩乐中学习其中的道理，去发散自己的思维想象，这一点中国与国外是截然不同的。

行动指南

应该强调素质教育，功利主义要不得。

星期五　人才怎么出

"怎样培养杰出人才呢？第一，需要有教育的理想、科学的理想，这是最根本的。在教育导向方面，很多教师和父母在指导孩子选择自己专业的方向的时候，非常看重这个专业的就业机会和未来薪资的高低，学生很难根据兴趣去选择。'兴趣是最好的老师'，我们应该让孩子们能充分发挥自己的兴趣去探索未来。从教育者的角度来看，我们需要真正的教育家，大师。我们不需要娱乐明星般的教授。大学是思想驰骋的乐土，学者要为了真正的学术理想而潜心钻研。现在有一种对大学的评价是'大楼越来越多，大师越来越少'，'教授像明星，明星像教授'。我虽然不同意这种说法，但至少反映了一种令人担忧的现象。"

——张亚勤新浪博客《我对中国教育和科研的一点思索》一文

背景分析

从 1905 年废除科举至今，中国现代教育的发展已逾百年。从 1977 年重新恢复全国统一高考制度至今，中国当代教育的改革也已经有 30 余年。应当说，积 30 余年来的发展和改革，我国的教育事业取得了巨大成就，为现代化建设提供了强劲的动力。

但是，不能回避的是，今天的中国教育同样存在着许许多多让人痛心疾首的问题，有些问题甚至是深层次的。例如应试教育、学术腐败、论文抄袭等，从某种意义上来说，这些问题，正成为社会主义现代化建设进程难以突破的瓶颈。大楼多，大师少，这种现象的出现不是偶然的，是有内在原因的。我们在太多的问题上更倾向于给孩子设计好现成的路让他们去走，而不是遵从他们的内心让他们按照自己的意愿和兴趣去自由选择。

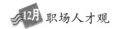

行动指南

　　遵从孩子自己的内心，不要给他们太多的束缚，让他们自由地发展和成长。

星期一　用人之道

　　"在研发方面，我们的发展是十分顺利的，在所有跨国企业里面我们属于发展速度最快的，我们现在不仅仅是微软在海外最大的公司，也是在国内最大的公司。人才全球化的趋势，我谈四个'现代化'，人才技术越来越全球化，市场越来越本地化，产品越来越多样化，服务越来越个性化。人才是在全球范围内流通，目前在微软（中国）研发部门、市场部门工作的人员，许许多多是来自海外的人才，我们在总部也有很多中国的人才。"

　　——张亚勤2008年6月19日接受《腾讯网》科技频道采访

背景分析

　　如何将企业治理好，一直是管理者的一个研究课题。要治理好企业，必须网罗人才，古代燕昭王黄金台招贤，便是最著名的例子。《战国策·燕策一》记载：燕昭王一心想招揽人才，而更多的人认为燕昭王仅仅是叶公好龙，不是真的求贤若渴。于是，燕昭王始终寻觅不到治国安邦的英才。后来有个智者郭隗给燕昭王讲述了一个故事，大意是：有一国君愿意出千两黄金去购买千里马，然而时间过去了 3 年，始终没有买到，又过去了 3 个月，好不容易发现了一匹千里马，当国君派手下带着大量黄金去购买千里马的时候，马已经死了。可被派出去买马的人却用五百两黄金买来一匹死的千里马。国君生气地说："我要的是活马，你怎么花这么多钱弄一匹死马来呢？"国君的手下说："你舍得花五百两黄金买死马，更何况活马呢？我们这一举动必然会引来天下人为你提供活马。"果然，没过几天，就有人送来了 3 匹千里马。郭隗又说："你要招揽人才，首先要从招纳我郭隗开始，像我郭隗这种才疏学浅的人都能被国君采用，那些比我本事更强的人，必然会千里迢迢赶来。"燕昭王采纳了郭隗的建议，拜郭隗为师，为他建造了宫殿，后来没多久就引发了"士争凑燕"的局面。投奔而来的有军事家乐毅，阴阳家邹衍，还有游说家剧辛等等。落后的燕国一下子便人才济济了，从此以后一个内乱外祸、满目疮痍的弱国，逐渐成为一个富裕兴旺的强国。

管理之道，唯在用人。人才是事业的根本。杰出的领导者应善于识别和运用人才。只有做到唯贤是举，唯才是用，才能在激烈的社会竞争中战无不胜。"千军易得，一将难求"。人才就是效率，人才就是财富。得人者得天下，失人者失天下。

行动指南

唯在用人，唯才是用，方可在竞争中处于有利的地位。

星期二 先看人品

"第一，诚信、正直很重要。第二方面，IQ 很重要，要非常聪明。第三点要有团队合作、沟通的能力。更重要的是激情，就是要对技术、产品、用户要有激情和热情，有激情才能把这个工作做活。"

——张亚勤 2006 年 12 月 19 日接受《中关村在线》采访

背景分析

微软的人才标准里面，品行是放在第一位的，而不是各种各样的能力。也就是说在微软更看重的是情商，而非智商，智商只是第二位的。"企"字"人"当头，一个企业首先是人的企业，人是有感情的动物，因此情商放在第一位是有一定道理的。

1995年，美国哈佛大学的丹尼尔·戈尔教授在智商理论的基础上提出了"情商"的概念。他认为，情商是人的一种重要生存能力，是挖掘人的情感潜能、运用情感能力影响人们生活、工作和人生未来的关键性因素。丹尼尔教授还认为，在人的成功要素中，智商很重要，体现了知识时代的基本要求，但是更为重要的因素是情商。他还提出，一个人的成功=80%的EQ+20%的IQ，并且领导位置越高，情商的作用就越大，在高层领导身上，情商的作用更是高达85%以上。

这就不难看出微软在选人的时候首选品行这一标准，是有根据的。只有智商没有情商，是难以把工作做出色的，因为只有保持工作激情的人才能在岗位上干出良好的业绩来。

行动指南

作为人才首先要有的是好的品行。

星期三　人员流动性问题

"我会设法了解他离开的真正原因。希望他离开不是因为一些错觉。推出去的员工有三种，第一是负面人，第二是双面人，第三是玩世不恭的人。"

——张亚勤2010年4月2日接受《第一财经周刊》采访

背景分析

企业内部人员的流动性一直是个问题，也是企业文化的另一种体现，员工去留问题的解决是企业人才战略的一部分。2008年的时候张亚勤就说了什么样的人是微软坚决要清除的，但是好的员工还是尽力挽留的。

从理论上讲，人员流动对企业有利，要鼓励一定程度上的流动。但是，不能为流动而流动，盲目的流动只有百害而无一利。管理问题普遍没有标准答案，此问题也一样。每个企业有自己的特点，每个人有自己的个性，不可能用同样的方法来规定流动。对于这类问题，不能有明确的方法解决，但可找到一些原则。从微观出发，要遵守人岗匹配原则；从宏观出发，要遵守兼顾平衡原则。

有些员工是要长期留在企业，但是也有些员工是要清除出企业的。微软的人才标准是品行第一位，品行不好的当然是要被请出去的。品行不好的人，再有才，也不会推动企业的良性发展，只会是一只老鼠坏了一锅粥。

行动指南

对企业有利的尽力挽留，有害的坚决赶走。

星期四　何谓成功

"成功就是一种感觉，是自己的感觉和别人对你的评价的一种平衡。但是，首先要做自己喜欢做的事，自己要幸福，要感觉很快乐。"
——张亚勤2010年4月2日接受《第一财经周刊》采访

背景分析

很多人以为：成功必须是忍受了很多的痛苦之后才能得到的快乐，以为成功是要付出常人难以想象的努力才有机会，以为成功离我们很远，以

为成功是少数人的专利，以为成功故事的主角只能是别人，其实不是。

人生就像打牌，每个人都有可能会分到一副非要不可的差牌，称得上成功就是那些尽力打好差牌的人。成功心理学告诉我们，成功的内容不完全是客观的，它更多的是属于主观的体验。成功很少是突发事件，而往往是逐步递进的过程。我们要学会发现生活中的成功，并用心体验生活中的成功所带来的快乐，感受快乐的人生。

张亚勤选择微软，一直在微软工作十多年，做着自己喜欢做的研发工作，这就是幸福，这就是快乐。成功是一种心理状态，当一个人觉得自己成功时，那就是成功。富人有富人的成功，穷人有穷人的成功；高智商者有高智商的成功，阿甘则说笨人有笨人的作为与成就。虽然成功的标准不一样，但成功的心灵体验却永远相同，那就是愉悦、快乐与幸福。

行动指南

成功的形式多种多样，归结起来就是一种感觉。

星期五　切勿浮躁

"我觉得我们整体，不管是高校还是企业，或者是政府，都需要更长远的眼光。现在人心太浮躁了一点，太急功近利了一些，对研发周期产出的要求，太急功近利了一些。刚才 Steve Bell 讲的知识产权，讲到了真正的创新能力，我觉得这个是相当重要的，现在山寨的文化十分盛行，我觉得这对于中国来说是最大的问题。可以讲五年前、十年前我们拷贝还可以，但是现在中国是一个大国，而且是一个强国，我们有足够的资金去投入研究，有足够的资金在某些方面领导世界科技的潮流，我们要负起这样的责任。"

——张亚勤 2009 年 9 月 19 日在 2009 财富 CEO 峰会上的演讲

背景分析

　　长远的眼光对于一个企业，一个民族都是很重要的。中国在短短几十年里发展速度惊人，一举成为世界第三大经济体，但是似乎缺少了点耐性，很多工程都是短期工程，很多产品也都是短周期产品，比如风起云涌的山寨潮流，只是充满了模仿，行事急躁。在面对金融危机过后的2009年，经济开始慢慢复苏，走出泥潭，中国更应该将目光放长远，做长线，看重长远利益。

　　现在的中国是经济大国，缺的不是钱，缺少的是正确的投资理念。中国可以引领未来世界的潮流，大多数做技术的微软人，也需要担负起这一重担。大国向强国迈进的路上，我们需要担一份责任。

行动指南

　　新时代的工程师们应当高瞻远瞩，深谋远虑。

12月
第四周

星期一　别学比尔·盖茨

　　"微软公司在招收人才的时候是最开放的模式。包括你刚才讲的比尔·盖茨没有大学学历，但却是我们的创始人和总裁。我觉得做软件本身，学历没有一个百分之百的关联性，有很多优秀的黑客、编程人员并没有完成大学和研究生教育。不过，我还是鼓励大家有机会的话还是去接受大学教育，这是一种有系统性的教育，大学可以让你们

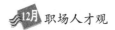

获得更多的知识，大家通过大学的渠道，还是可以得到很好的经历。"

——张亚勤 2006 年 12 月 19 日接受《中关村在线》采访

背景分析

中国一直以来都存在的一个现象，以学历来论资排辈。这个定性的思维随着我国经济市场化的逐步深入，慢慢地得到改善。部分企业已经开始不去过度注重学历了，因为接受高等教育只能说明一个人走过了这个过程，并不能等同其可以把学到的东西发挥出来。比尔·盖茨是一个很特殊的例子，他选择中途退学，而且是哈佛大学，做出这样的决定需要很大的勇气和决心，而且这也是他战略眼光的一种表现，因为他确实有着过人的胆识和头脑。

在中国确实存在着一些像比尔·盖茨的人，他们没有接受过大学教育，照样可以做软件。虽然能做出软件和学历没有什么直接的联系，但不表示他们没有认真对待学习如何编程，这完全是两码事。湘潭大学一名叫刘蝶雨的学生，曾经因为其出色的黑客行为，在 2003 年被微软请到北京工作，那时候的他还仅仅是一名在校大学生。

但比尔·盖茨的行为不具有代表性，因为他这样的人在全世界也没多少。张亚勤依然建议不要轻易放弃系统的大学教育，毕竟通过大学这个渠道可以获得更多的知识，对人生也是一个很好的历练。

行动指南

学历不是最重要的，但最好还是要上大学，也不要轻易和比尔·盖茨比。

星期二　做研究的眼光

"微软所做的研究，眼光应放在 5 年以上，但是也不可太长。"

——张亚勤 2006 年 5 月 11 日接受《安徽商报》的采访

背景分析

张亚勤在母校中国科技大学做的一次演讲时里面穿插了一个关于眼光的小故事，说以前有一位学生到微软去应聘，微软亚洲工程院院长张宏江问他是否具有长远眼光，这位学生说："我的眼光至少在100年。"张院长说："那你就再过95年以后再来吧。"其实故事中的那个学生，在生活中有很多这样的人，名校出来的他们目空一切，自以为是，好高骛远，不能够扎根现在，再着眼未来，而是梦想着搭建一座空中花园，这是注定无法完成的，微软也不可能要这样的人来工作。

微软亚洲研究院的主要任务就是研发，研发出来的产品就是需要能够给社会带来效益，100年的目光太长了，不适用。正所谓"一万年太久，只争朝夕"，这才是微软亚洲研究院真正要做的，就是定一个个的短期目标，并将这些目标一一完成，这是一种务实的态度。

行动指南

着眼现实，制定目标和战略。

星期三　从心选择

"我觉得大家应该根据自己的热情，我想做什么，然后去选择自己的专业，选择自己以后的职业。"

——张亚勤2008年8月7日接受《凤凰网》财经频道采访

背景分析

张亚勤讲到选择专业的问题，确实是中国现在最为关注的话题之一，也是大学生就业和择业的问题。中国有一些学生在选择他的专业的时候，并不是根据他的兴趣，而是根据老师、家长他们的爱好。这是中国传统思想在作怪，毕竟在中国，子女要听父母的安排，安排他们上哪里的学校，

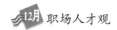

学什么专业，只要稍有违背父母的意愿，就会被视为不孝乃至忤逆。正是因为如此，中国的教育一直没能跟上时代发展的步伐，没能赶上西方的节奏。

张亚勤讲述的这种做法值得中国的家长学习，有句话叫做，兴趣是最好的老师，毕竟每个学生都有自己的喜好以及特长，从经济学上讲，叫做消费者偏好，每个人都是不一样的。如果扼杀了孩子们的兴趣爱好，那只会陷于一片死寂之中，国家便失去发展的动力。家长应当尊重子女的选择，让他们按照自己的兴趣指向去发展，而不是被填鸭。

行动指南

遵从内心的选择，张扬自己的个性。

星期四　人性化的一面

"微软不裁员，但招聘会更谨慎。"
——张亚勤 2008 年 12 月 9 日接受《每日经济新闻》采访

背景分析

在金融危机爆发之后，面对全球 PC 品牌戴尔、惠普等企业陆续爆出裁员计划，张亚勤坦言，虽然微软并没有裁员计划，但在招聘方面更加谨慎。不过，在审视当前全球经济面临动荡局面可能产生影响的同时，也是吸引人才的良机。张亚勤还表示，华尔街 20 万人失业，其中很多是非常优秀的人才，当然不要让他们再去做类似次级债的业务，而是让他们的经验和专长为经济发展起到积极作用。

在另一方面，与国内合作伙伴抱团取暖也成为微软应对金融寒冬的利器之一，为了帮助客户应对金融危机，微软还出台一系列对中小企业的创业扶持计划，把软件低价、基本上接近免费拿给中小企业使用，帮助他们

渡过难关。这些不只是微软人性化的体现，可以让员工能够在危机之下安心度过，更是微软在金融严冬中能够令自己屹立不倒的一项重要举措。

行动指南

救人亦是自救，帮人也是帮己。

星期五　老外也来 MSRA

"他们不是为了金钱，而是为了实现自身的价值。"
——张亚勤 2007 年 11 月 1 日接受《牛津管理评论》采访

背景分析

随着微软（中国）的发展，有越来越多外国人涌入微软（中国）研发集团和中国的员工一起在努力工作。这里面其中就有罗伯特·帕克和来自南非高级人力资源总监毛丹妮。罗伯特·帕克是 Power Point 的领军人物之一，参加过 7 个版本的 Office 研制，在微软（中国）研发集团负责新产品的市场；毛丹妮在微软总部有着丰富的人力资源工作经验。在获得来华工作的机会之前，就已经未雨绸缪地在学习中文，她认为在美国，招聘、培训等人力资源工作都已经很成熟、程序化，中国却有更好的施展自己的空间。这些具有国际化眼光的人才来到微软（中国），成为张亚勤微软的秘密武器。

为什么他们愿意来到中国？张亚勤说："他们不是为了金钱，而了为了实现自身的价值。"中国给他们提供了改变世界的机会，不仅有能研发出对全球用户产生影响的产品，而且能对中国产生直接的影响，这样具有很大的吸引力。

行动指南

外国人来中国发展，是因为他们有着改变世界的梦想。

后记：中国的职业经理人怎样才玩得转

随着中国改革开放的春风吹遍神州，从 20 世纪 80 年代初起，飞利浦、日立、东芝、富士、松下、可口可乐这些跨国公司抓住难得的机遇，大力拓展中国市场。进入 90 年代，更多的跨国公司先后跨入中国市场的大门，开始了几十年和上百年前他们的先辈们未竟的中国淘金之旅。实际上，对于中国市场这块魔方的玩法，大多数跨国公司当时也是处在试水阶段，对中国的文化也还在慢慢理解。

作为 IT 业的巨头，微软自然也不会放弃这块遍地黄金的市场，但是如何才能在这块市场上站稳脚跟，这是一个颇值得研究的问题。最好的办法，自然是找中国人来帮他们完成这项任务，毕竟作为外来者的他们对中国这块神秘的土地还不够了解。

张亚勤，作为微软在中国的代表，当然，他在人们心目中的神童印象依然没有消失，他总是那么给力。微软亚太研发集团，这个仅次于微软总部的技术中心，比尔·盖茨很放心地交给了他的得意门生张亚勤来打理。

从 20 世纪 80 年代末起，国内有关机构就考虑建立中国企业经理人的职业化体系，但十多年过去了，职业化进程的发展并不快，我们都知道，完善的市场经济是现代企业制度的大环境，而要建立企业经理人的职业化机制，必须依靠现代企业制度的建立，换句话说，现代企业制度是企业经理人职业化机制生存的小环境。20 多年来，中国民企和国企的管理体制虽进行了多次调整和变动，但仍没有完整建立起来，虽然有了不少股份制的公司，但在实际的操作中仍没能按规则运行。

尽管各方都在呼吁职业经理人的涌现，但老板们对职业经理人的价值似乎看得并不很重，尤其是国内的老板们。虽然中国人才市场十分活跃，在近几年的招聘活动中人们也看到了对职业经理人的大量需求，但是令人遗憾的是，一方面是国有企业招聘经理人的奇少，另一方面是大多数民营企业的所有者也是企业的经营者，同时招聘职业经理人最多的是外资企业。

与此同时，中国职业经理人大都偏好外企。一个原因可能是高额薪水的吸引力，更为重要的一个原因应该是：民企和国企对职业经理人价值的认同感不强。国企不认同职业经理人是因为受到体制不到位的制约，不愿支付高薪以及对职业经理人缺少信任感。

当然，相比之下，民企对职业经理的认同感要强些，因为在许多招聘中有些企业对总经理出价几十万到几百万不等，如媒体曾经报道一时的某家公司老板愿意以年薪一亿的价码聘请某位著名职业经理人。

职业经理人最基本的职能是，靠自己的知识、创新能力及良好的职业道德来经营企业，为企业创造更多的利润。张亚勤可以说是一个非常称职和优秀的职业经理人，他精心打理着的微软（中国）和微软亚太研发集团，一直呈现迅猛的发展势头，一派欣欣向荣之象，尽管最近速度好像有所放缓。Google 在李开复离职之后，短短几个月，就迁至香港，而微软却能一直屹立在中国大陆而不倒，我想这和张亚勤这位优秀的职业经理人的管理有方、经营有道是分不开的。

创业难，守业更难。创业者在承受了各种风雨之后，需要有一个优秀的职业经理人来帮助他维护守业阶段的利益，并将这些利益最大化。比尔·盖茨历经艰辛一手打造的微软王国，如今已经步入守业阶段，如果没有良好的职业经理人来配合，这个王国很有可能一夜之间就会分崩离析。

写作这本书的过程，也是我对张亚勤再度认识和理解的一个过程，若不是这样，我也不会对中国的职业经理人制度和环境以及高科技行业发展有更深的认识。这个时代，不缺乏激情四射的创业者，缺乏的是更多像张亚勤这样优秀的职业经理人，希望用我的笔可以为这个伟大的时代做一些记录。

感谢我的同事岑峰和冯玉麟在本书的写作过程中给予我的很多帮助，互联网老兵群的诸多网友们也积极参与了讨论和分析，让我能够从更多的角度来理解和分析。

最后，祝愿张亚勤先生能够带领他的团队在中国创造出更多更好的业绩；衷心希望帮助更多有志于成为优秀职业经理人的国人可以从他的身上学到更多，收获更多。

张海春

2010 年 12 月